瓜地馬拉手繪旅行

圖‧文：張佩瑜 Life&Leisure優遊

自序

　　為什麼去瓜地馬拉？很多背包客把瓜地馬拉當成旅遊拉丁美洲的跳板，先在瓜地馬拉學西語，然後展開旅行，邊走邊練。我連續三年暑假造訪瓜地馬拉，前兩年夏天是短期西語遊學，第三年才鼓起勇氣，跨越語言的藩籬去探索瓜地馬拉，從山林到海洋，從自然到人文；儘管我還是說著一口破破爛爛的西文，但比起從前不懂當地語言，像個局外人的旅行方式，這一次，我至少在當地文化圈裡，跨進一隻腳了。再選擇一次的話，自然與人文底蘊豐富、西語教學資源性價比極高的瓜地馬拉，仍會是我中美洲之行的第一順位。

　　談到探索馬雅文化，瓜地馬拉絕對是上上之選，記得看過一本書描述：「馬雅人在建設Tikal提卡爾之後，在一夜之間消失了……」然而，走過瓜地馬拉之後，會發現其實馬雅人並沒有消失，儘管他們為了某些原因放棄了辛苦建立的城市，但他們的面容形貌、聲音語言、歲時祭儀、風俗習慣、圖騰裝飾……，仍在這一塊土地上代代相傳。就算是西班牙人長達三百年的統治，也不曾徹底摧毀馬雅人的精神與

信仰；我在出發前嘗試閱讀有關馬雅文化的書，但總覺得很有距離感，然而在真正走過一回，把

自己放置在那個環境之後，現實與知識出現了接口。旅途歸來之後，藉著出版遊記的機會，進行總複習，把旅行過程看見的事物進行訊息連結，抽絲剝繭，從原本的走馬看花，提升到探索疑問——這是什麼？為何發生？為何在這裡？為何不是那裡……，那些在旅行當下看不懂的、耐不住性子研究的東西，都從模糊轉向清晰，深奧的馬雅文化和帝國侵略史，也引發了想更深入了解的興趣。回想起每一次旅行，抵達當地固然有「我終於來了」的興奮，但整理書稿過程中，每一次的恍然大悟，就像是旅行附贈的彩蛋，讓人喜悅。

　　直到現在，我仍時不時地會翻閱之前在瓜地馬拉學習西語的筆記，我很感謝我的西語老師，她教的不只是語言，而是文化，我用語言學習文化，也用文化學習語言，這兩者的觸及，是加乘的收穫。雖然這只是一次暑假的遊記，但其實是對這個地方累積了三個夏天的理解，在刪減增補內容的過程面臨掙扎，最後決定多留一些當時的生活感，很多知識可以在網路或專業書籍搜尋，但旅行當下的直覺與細節卻無可取代，如果去除這些，那就不是我的旅行了。如果你對瓜地馬拉或馬雅文化有興趣，不妨循著我在書中留下的「線頭」，進一步探索，或者乾脆親自走一回，這本書無法包山包海，我希望它輕輕鬆鬆地，如果能驅使你學習新語言、文化，我會很開心。

關 於 旅 程

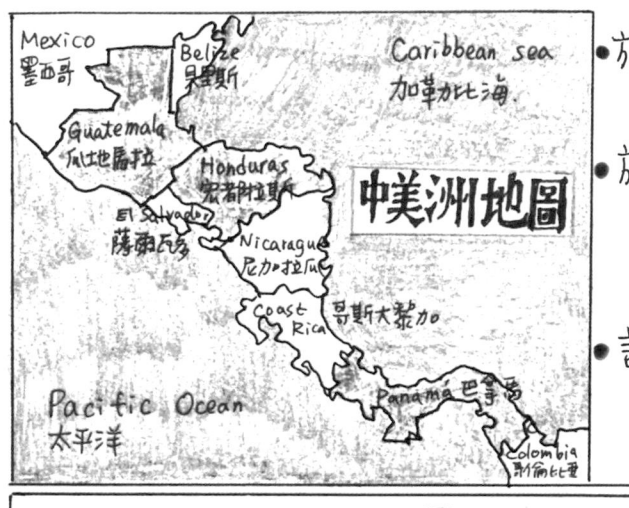

- 旅行時間：2019年7、8月，共55天
- 旅行地點：以瓜地馬拉為主，宏都拉斯及巴拿馬僅短暫停留
- 語言：三國皆以西班牙語為官方語言，觀光區略通英文。

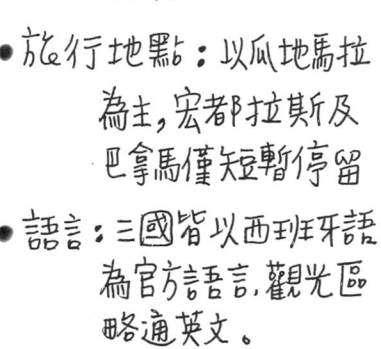

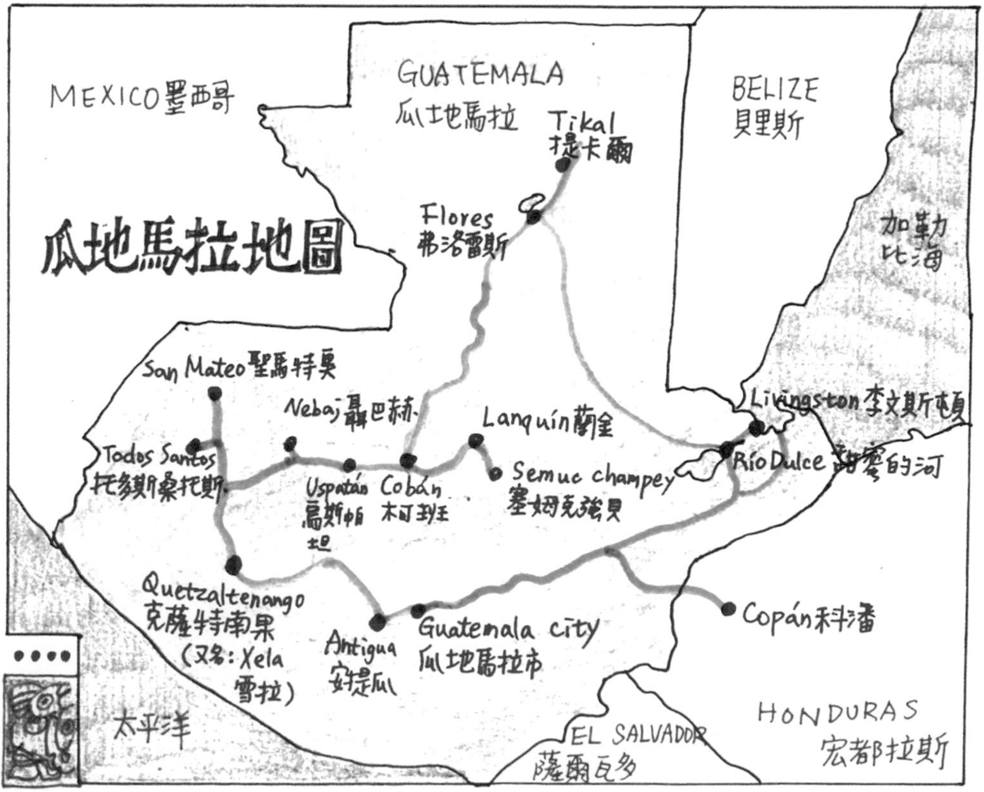

瓜地馬拉地圖

MEXICO墨西哥

GUATEMALA 瓜地馬拉

Tikal 提卡爾

Flores 弗洛雷斯

BELIZE 貝里斯

加勒比海

San Mateo 聖馬特奧

Nebaj 聶巴赫

Lanquín 蘭金

Livingston 李文斯頓

Todos Santos 托多斯桑托斯

Uspatán 烏斯帕坦

Cobán 科班

Semuc champey 塞姆克強貝

Río Dulce 甜蜜的河

Quetzaltenango 克薩特南果 (又名：Xela 雪拉)

Antigua 安提瓜

Guatemala city 瓜地馬拉市

Copán 科潘

太平洋

EL SALVADOR 薩爾瓦多

HONDURAS 宏都拉斯

- 費用：總花費約107049台幣
  - 其中，機票 40092台幣
  - 藥物(瘧疾, 高山症及個人常備藥)約600台幣
  - 保險 5501台幣
  - 美國ESTA 電子旅遊許可證14美元
  - 在當地花費(食衣住行育樂.紀念品)60422台幣
- 貨幣及匯率(2019年7月及8月的平均狀況)
  - 瓜地馬拉：1 格查爾(GTQ)≒4.1台幣(TWD)
  - 宏都拉斯：1 倫皮拉(HNL)≒1.3台幣(TWD)
  - 巴拿馬通行美金：1 美金(USD)≒31台幣(TWD)
- 簽證：持台灣護照入境瓜地馬拉.宏都拉斯.巴拿馬免簽證
- 電壓與插座：與台灣相同,不必刻意準備. 開心！
- 旅行路線：瓜地馬拉市 → 科潘(宏都拉斯) → 甜蜜的河
  - → 李文斯頓 → 弗洛雷斯 → 提卡爾 → 蘭金 → 塞姆克強貝
  - → 柯坂 → 扁斯帕坦 → 聶巴赫 → 托多斯桑托斯
  - → 聖馬特奧 → 克薩特南果(又名：雪拉) → 安提瓜
  - → 瓜地馬拉市 → 巴拿馬市(巴拿馬)
- 注意事項：
  - (1) 使用提款卡,須注意,磁條易遭側錄,盜領,提款時務必注意四周安全.
  - (2) 搭乘巴士,須注意勿讓扒手有機可乘,遇搶劫勿抵抗,財去人平安,天黑前要回旅館.
  - (3) 所有在台灣視為理所當然的習慣,例如：手機拿著在街上查地圖.包包放旁邊椅子……,最好都不要有！

目次

6月30日(日) 出發

我好想放假！

你是想放空吧！

原本我是非常期待放暑假的,忙得昏天暗地的我,趕著送出期末成績,趕緊處理一些微小但致命的小事,腦袋呈現高倍速運轉。準備行李,檢查證件、換匯、拿藥……,在出發前的六、七個小時,我呆滯地坐在地板上,望著散落一地的旅行用品,連續很多天嚴重睡眠不足的我,只想躺下來睡個三天三夜。一想到漫長的轉機行程就令人沮喪,以及抵達目的地後,還得跟惡名昭彰的瓜地馬拉市混亂交通與治安奮戰,一夜未闔眼的我在新買的衣服上縫上暗袋、檢查兩張提款卡的帳戶餘額,其中一個維持「低水位」,把多數存款轉到其他帳戶,確定 Skype 帳戶餘額以及輸入各種緊急聯絡電話……。天啊!我為什麼一副要去前線打仗的模樣,我應該去歐洲、日韓之類的地方或是熱帶島嶼的海灘上躺著喝柳丁汁才對!

縫……

縫……

睡眠不足導致熊貓眼!

每次都一起被拖下水。

原本讓我十分期待的暑假,突然覺得晚個幾天再放也沒有關係。

2

7月1日 (一) 機位超賣

出發前夕,用網路電話去訂第一站的旅館,那間小旅館不通英文,我只好結結巴巴地啟動我的破爛西文,這間旅館沒有機場接送服務,而我忙到沒時間研究瓜地馬拉市的交通,算了,到了再想辦法用錢解決!

- 15.2cm -
19.8 cm

① Notebook
1
nombre: Peiyu
Materia Grade
2017 夏天筆記

Ⅱ Notebook
2
nombre: Peiyu
Materia Grade
2017 夏天筆記

Notebook Ⅲ
3
nombre: Peiyu
maderia - Grama
2017. 2108 夏天筆記

4
Nombre Chang Pei
Materia
2018 夏天筆記

5
nombre Peiyu
muter.
2018 夏天筆記

Tarea
nombre Peiyu
mat.
2017. 2018 夏天寫回家作業的作業簿

我的機票應該算是亂訂一通吧!從台北、廣州.洛杉磯、巴拿馬.到瓜地馬拉 (為什麼要從洛杉磯飛到遠遠的巴拿馬,再走回頭路飛到瓜地馬拉?我有時真的搞不懂聰明的我在想什麼?) 候機.轉機的時間,我意識到規劃行程及複習西文的重要性,大部份的時間,我不是在規劃行程.研究路線,就是打開 ipad 裡的筆記掃描檔臨時抱佛腳。這五本漂亮 (好驕傲) 的筆記全是2017. 2018年夏天到瓜地馬拉念西文學校的記錄,但我的腦袋猶如茫然的真空一般完全沒什麼印象!我以後應該不敢罵學生:『我明明講很多遍,為什麼你一直忘記?』,因為怎麼可能全部都記得?該傷心的是學生還是老師? 3

原訂計畫：

2019/06/30	14:50 桃園	17:00 廣州
2019/06/30	21:30 廣州	19:40 洛杉磯
2019/06/30	23:31 洛杉磯	7:52 巴拿馬(07/01)
2019/07/01	09:50 巴拿馬	11:13 瓜地馬拉

計畫永遠趕不上變化。(看你一副開心的樣子!) 川普(茶)

我根本搞不清楚中美洲各國的地理位置，會繞遠路先飛巴拿馬，再飛回頭路去瓜地馬拉吧？對我而言，面對不甚了解的拉丁美洲或非洲各國，通常很容易用刻板印象將它們均質化，覺得看起來差不多……。

從洛杉磯飛到巴拿馬這段航程，隔壁坐了一個巴拿馬華裔年輕人，祖父輩到巴拿馬工作，後來經商開超市、父親娶了當地女子為妻。他說巴拿馬華人不少，老一輩的人講客家話、普通話，年輕人很多都不會講了，而現在因中國崛起，華語能力相形之下更為重要，所以他飄洋過海到天津學中文，現正值暑假，返回巴拿馬探親。

我的班機延遲半小時才抵達巴拿馬。儘管轉機時間還算充裕，但因為在洛杉磯報到拿取的登機證沒打上座位號碼，我覺得有些不安，匆匆去登機門旁邊的櫃台報到，沒想到，因為機位超賣的關係，我的位子被拉掉了！超賣的情形滿誇張的，現場有很多憤怒的旅客，我因為沒規劃行程，所以沒什麼行程銜接的問題，

4

了解航空公司的補償方案、食宿安排後，我就在長椅上睡著了，直到地勤把我叫起來，坐接駁車前往市中心的號稱五星級的飯店，還好巴拿馬對台灣人免簽證，不然我就要睡機場了！天氣很熱，暴雨驟至，從郊區進入濱海市區，眾多高樓拔地而起，我以為自己來到新加坡。不過，仔細一看，摩登的現代化建築中夾雜著破舊的矮公寓，感覺這是個發展快速、貧富差距懸殊的地方。

Hotel : El Panamá

座位被拉掉了居然還睡得著！

(到哪裡都可以睡)

這間飯店的房間比我家還大！

是你家太小了吧！

(沒見過世面的窮背包客)

飯店乾淨舒適，但沒什麼特色，吃完 buffet 午餐，我先打網路電話去延後瓜地馬拉的住宿預訂，再出門閒逛。有鑑於此地治安不佳，我把包包留在飯店、兩手空空地去逛街。這裡種族多元，華人開的商店酒肆很普遍，因治安疑慮，許多店家五、六點就早早打烊，我也早早回飯店休息。同班機的波多黎各家庭很熱情地在餐廳幫我練習西語會話，這間豪華飯店令人安心，我睡得非常好，上天應該是想到我想好好睡一覺的願望，所以安排我到巴拿馬一泊三食，真是撿到的幸福。吃飽睡飽，元氣滿滿才能面對下一站的挑戰。 5

7月2日 (二) 抵達瓜地馬拉

清晨,接駁車在黯淡的天色中疾駛,前往機場,我補上機位的航班並非直達班機,中途停留哥斯大黎加首都 San Jose 聖荷西,才飛往瓜地馬拉,這次最大的收穫應該就是終於搞清楚中美各國的地理位置!從離開台灣到現在,所花費的時間,快要可以繞世界一圈了,且我已經吃過了 COPA AIRLINES 巴拿馬航空 四種口味的三明治了,拜託快讓我回到地面吧!

順利抵達瓜地馬拉,我在機場的 ATM 領了現金(機場的美金匯率很差,不考慮兌換).在出境大廳櫃台叫了計程車,前往位於 Zona 9 (第九區)的旅館。

C HOTEL
arillon

5a. Avenida 11-25, Zona 9
Guatemala, C. A.
Tels.: (502) 2332-4267 • 2360-9352
Fax: (502) 2332-4036 • 2360-9342
E-Mail: carillon.carillon@gmail.com
www.hotelcarillongt.com

在街道名稱中、
Avenida 指南北向街道
calle 指東西向街道
在西班牙的殖民城市常見棋盤式街道設計,不太容易會迷失方向

Hotel Carillon,雙人房一晚 Q.197.房間非常陽春(有點悶),有 wifi 熱水.附私人衛浴,地理位置佳,位於治安較佳的第九、十區其中一區.(台灣大使館就在附近,真親切!)交通也滿方便的。

6

AirportTaxi GUATEMALA

AEROPUERTO INTERNACIONAL
LA AURORA ZONA 13

Cooperativa Integral de Transporte La Unidad R.L.

SAFE TAXI SEGURO

安全

TICKET DE ABORDAJE

FECHA

DIA	MES	AÑO
2	7	19

Nº 34349

DESTINO: 5 AV. 11-25
2-9

TAXI No. [ ]

HORA A.M. ☒ / P.M.

VALOR TOTAL DEL SERVICIO

Q. 70 · & $. 10'

ASISTENCIA AL TURISTA
TOURIST ASSISTANCE
1500 ó 2421-2810

Email: airportaxi@gmail.com
QUEJAS O SUGERENCIAS TEL.:
5511-0205

Guatemala
Corazón del Mundo Maya

ORIGINAL: CLIENTE
DUPLICADO: PILOTO
TRIPLICADO: ARCHIVO

◀ 從機場坐
計程車到旅館
的收據,一趟
10美元(或Q.70),
雖然機場外
的馬路上可以
搭公車,或招
計程車(較便
宜的),但帶著
大行李的我不
想冒險隨手
招車,所以在
出境大廳櫃
台登記叫車,
這趟車只花十
分鐘而已!

連著兩天搭 COPA AIRLINES 巴拿馬航空都誤點的情況,讓我擔憂起回程航班,我決定把 COPA AIRLINES 發給我的班機延誤補償金拿去付手續費更改行程,在巴拿馬轉機並停留三天,去看看地理課本上提到的巴拿馬運河。昨天意外在巴拿馬住一晚是件好事,若非如此,我不會萌生想短遊巴拿馬的念頭,我在機場櫃台詢問更改機票程序,他們建議我到第14區的巴拿馬航空辦公室去辦理,明天早早起床去辦這件事吧! 7

7月3日(三) 馬雅文化預習

　我早早起床搭公車(車資Q.2)前往位於14區的巴拿馬航空辦公室。

我以為自己把西班牙語忘光了,但今天早上在櫃台詢問如何搭公車?在街上問路……,我都在很自然的情況下讓問句秒上身(生存本能?),這一切都要感謝我的西語老師,敬業的她在2017及2018年夏天幫我打基礎.我們在那棟超過200年的老建築中一個宜人的小角落一對一教學,她在紙上寫下一大段在問句中可以使用的單詞,溫柔地對我說:「Peiyu,你要好好地學會這些問句,你在旅行中必須先知道該怎麼問,才會知道答案……」我常常花一堆力氣學一些看起來沒什麼用、又不會幫助我賺錢的事.我也不知道我學西語要做什麼?(就只是想學!),雖然我像個牙牙學語的小孩,這個語言我還無法流暢運用,但它幫助我在這個城市行走時,少了挫敗、多了安全感,學了當地語言,就好像換了一副新眼鏡,週遭的事物全都從模糊轉為清晰,謝謝妳,親愛的老師☺

CopaAirlines　地址:5 Av. 5-15 Zona14 Edif
　　　　　　　　　　　　路　　　　區　　editicio 大樓
這棟名為Europlaza的　　　← Europlaza　planta Baja　Torre III
商辦大樓.有許多公司行號　　　　　　　　　一樓
8 銀行.餐廳.咖啡館.入門處有　　Local 102
安檢人員檢查包包.

閃亮的玻璃帷幕大樓
十分氣派!

這不像瓜地馬拉!

這根本是台北市大安區!

COPA AIRLINES 所在的14區,商業氣息濃厚,去年和前年來到瓜地馬拉,都是待在小城鎮,瓜地馬拉市對我而言,只過其門而不入,快閃而不逗留,改完航班資料,我覺得這棟大樓看起來很安全,何不順便在裡面的銀行換匯,順便練習一下西語會話。因為本地貨幣匯率不穩且防制洗錢等因素,像我這樣的觀光客每個月只能在銀行換500 USD,私人匯兌所則不限,因此我大部份的旅行支出都還是仰賴使用提款卡提領當地貨幣。

Europlaza大樓中有一間 & Café,這是瓜地馬拉的連鎖咖啡品牌,黑底白字的商標讓人印象深刻。之前在瓜國學西文時,我和同學常常一起去 Café Barista 西雅圖咖啡念書寫功課,後來逐漸轉移陣地去 & café,今天早上原本想去 & Café 吃早餐喝咖啡,但一看到這間店一杯咖啡從Q.12起跳,以當地的物價水準而言,不算便宜,窮酸小氣的我覺得這不符合我的庶民背景及

9

背包客形象,決定快閃到對面的庶民咖啡館去吃早餐。之前上西語學校時,我們這群外國人就像集團似地,下課後上咖啡館做功課聊天、上酒吧夜唱,來自歐美等富裕國家的人應是不在乎這樣的小錢,看在當地人眼裡不知做何感想?但我最懷念的是,和寄宿家庭的小朋友一起在大餐桌上做功課的時光,也喜歡在週末不上學的時候,坐在 & Café 看廣場上的人。

本日 desayuno(早餐):玉米粽稱做 tamal,較小的玉米粽稱做 tamalito,裡面有餡,亦有無餡口味,常見的餡料是豆子或雞肉,可以淋上 Salsa 莎莎醬,或撒上 queso seco(乾起士粉)搭配著吃。

tamalito(較小的玉米粽)Q.5

Café negro(黑咖啡)Q.3.5

本只有西文解說,沒有英文解說,好痛苦。

門票:瓜國本地人只要 Q.5,外國人要 Q.60。(→開發中國家很多都這樣!

下午我去了西文老師推薦的博物館—— Museo Nacional de Arqueologia y Ethnologia 國立考古人類學民族博物館,為接下來的旅程做文化預習,認識常民生活用品及各種遺址文物。

博物館外觀是美麗
的歐洲風格建築，
參觀的人不多，圓形
的中庭有噴泉及小
花園，陽光直接
灑落在兩側廊道
的馬雅石雕碑柱
上，時間似乎在此凝結。

我在博物館流連了4個小時，仔細記下這個國家的
文化特色，有些文物其實到現在仍在生活中使用，隨
地區不同而具不同風格，那些物品或習俗等關鍵字
未必以西語發音或呈現，而是以馬雅語（種類繁多），
我一一記下，因為這些在未來兩個月中，都將會是美麗
的遇見。

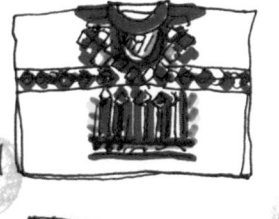

Huipil
上衣

Perrajes
圍巾

Su't 一種方形
的布（用途廣）

Faja de mujer
女性的腰帶

corte 裙子

在博物館逛了4小時餓得
頭昏眼花的我，決定去吃
炸雞。這間炸雞店 Pollo campero
是瓜地馬拉之光，它在中美洲的市佔率遠遠超過肯德基，
雖然是速食店，但是很受歡迎的家庭式餐廳，會有人
帶位點餐，不但在南北美洲都有分店，還跨洲行銷到西
班牙、印尼、還有中國！

午餐 almuerzo   Menú campero (campero套餐)
Q.44.50   · 2 piezas, 1 acompañamiento · Pan o Tortillas
                    兩塊炸雞   附餐是薯條   麵包或玉米餅
                                                    二選一

蕃茄醬 綠色的醬   以當地的薪資水平及
        滿辣的   物價來看，這一份套餐
飲料有很多種.可續杯   不便宜，不符我的庶民
→ 炸雞很 juicy   形象。
  美味多汁。

嗯！來畫一下台灣之光好了！⟶ 台灣駐瓜地馬拉大使館！
⟶ 飄揚的國旗令人感動！

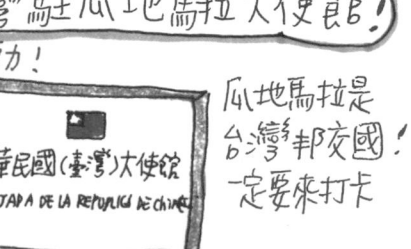

瓜地馬拉是
台灣邦交國！
一定要來打卡

中華民國(臺灣)大使館
EMBAJADA DE LA REPUBLICA DE CHINA

12

7月4日 (四) 美術館與動物園

(這一餐用掉太多塑料一次性餐具,讓我 覺得好有罪惡感!)

咖啡

(我點5瓜地馬拉本地咖啡, 一杯Q.5)

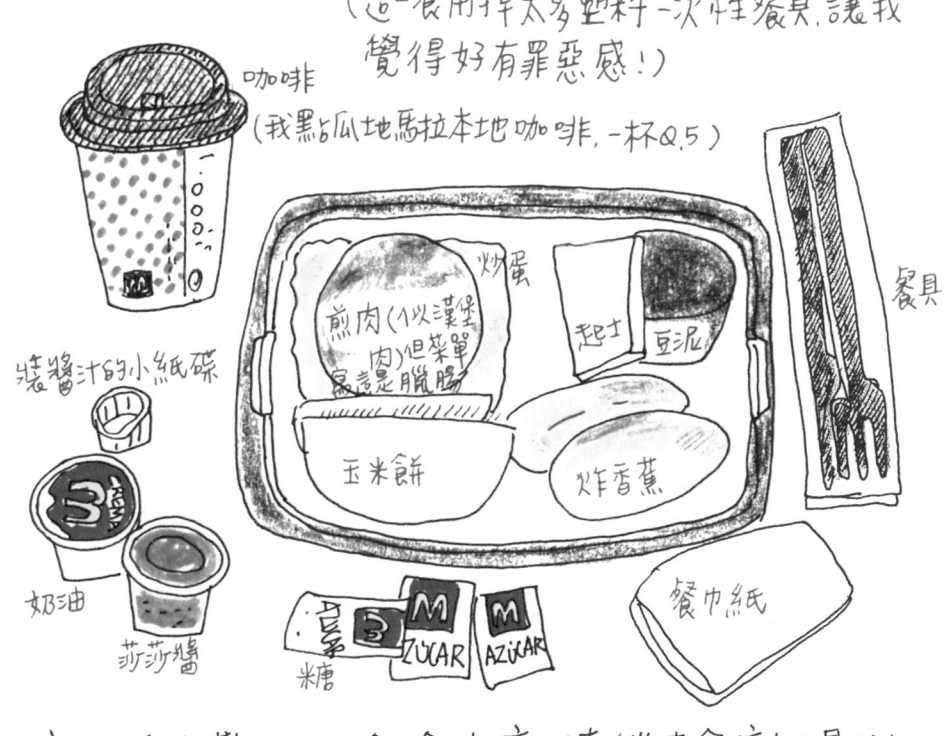

炒蛋

煎肉(似漢堡 肉)但菜單 寫這是脫脂

起士

豆泥

餐具

裝醬汁的小紙碟

玉米餅

炸香蕉

奶油

莎莎醬

M ZÚCAR

M AZÚCAR

糖

餐巾紙

這附近很難找到飲食小店,連鎖速食店倒是不少, 走去美術館的路上會經過麥當勞,雖然出了國還 吃麥當勞有點蠢,但我下學期想做一個關於麥當 勞全球化與在地化的教案,實地考察一下應該不 為過吧!(根本是藉口!) 於是我開心地進入這個乾 淨明亮且「標準化」的空間 —— 鮮豔黃色大大的m字, 風格一致的裝潢、口味也一樣……。

麥當勞傳統早餐 <u>Desayuno Tradicional</u> Q.35
　　　　　　　　（早餐）　（傳統的）

多半是瓜地馬拉常見的早餐樣式，這是麥當勞「在地化」
的行銷策略；除了一般在麥當勞常見的大麥克漢堡，麥香雞
……之外，麥當勞會視各地區不同的飲食文化推出在地化
的菜單，我這份早餐包含了：

🫘 Huevo revueltos 炒蛋
🫘 salchicha 臘腸．滿鹹的，混合了香料。
🫘 frijoles 豆泥，這是瓜地馬拉很常見的食物，把紅豆煮得
　　　　　　軟爛呈泥狀，調味是鹹的，不是甜的。這是
　　　　　　瓜地馬拉早餐必吃的食物，很多家庭不再自
　　　　　　己煮 frijoles，而是去超市買一大包即食品。

🫘 queso 起士

🫘 plátanos fritos 炸香蕉 這也是很常見的早餐食物，
　　　　　　但它並不是用一般當水果吃
　　　　　　的那種香蕉料理的，而　　28
　　　　　　　　　　　　　　　　　cm
　　　　　　是用一種體型較大的 plántano，
　　　　　　又稱大蕉或公香蕉，這種香蕉　　　　　　　　15cm
　　　　　　十分酸澀，一定得煮熟才吃。 plátanos　banana
　　　　　　　　　　　　　　　　　　　　大蕉(公香蕉)　一般香蕉
🫘 tortilla 玉米餅，這是當地人三餐主食。

14

瓜地馬拉人的三餐時間:

desayuno 早餐:和台灣人差不多,都在上班上學前。約上午七、八點吧。

almuerzo 午餐:是三餐中最豐盛、重要的一餐,時間比台灣晚,下午一點以後,甚至三點都算午餐時間,外面的餐廳也會針對午餐推出 Menú del dia (本日菜單),通常會寫在店門口的板子上,午餐店四點前會收。

午餐通常會有肉!

Cena 晚餐:吃得非常簡單,大約八點吃,我住在寄宿家庭時,對晚餐很難適應,通常是玉米餅、豆泥、炒蛋、或很陽春的 taco 餅、或煮香蕉,只有一兩樣吧,完全吃不飽。我和室友都會在衣櫃放乾糧或巧克力以應付漫漫長夜的饑餓,也常藉口說吃飽想散步,跟室友溜去雜貨店買香蕉吃!

當你肚子餓時,連香蕉皮也不會介意的!

──你不是討厭香蕉嗎?

---

refacciones 指正餐之間的點心,一些充飢小食。例如:tamal 玉米粽。

15

吃完早餐後，在有眾多警衛看守的麥當勞安心地拿出手機上網，向親友們報平安，決定走路到附近的Museo Nacional de Arte Moderno 國立現代美術館去裝一下氣質。這間美術館就在昨天去過的國立考古人類學民族博物館的對面，是一座色彩鮮豔的西班牙殖民風格建築，迎面而來是　　　三個半圓形拱門。

門票：當地人Q.5. 外國人Q.50（只有西班牙解說）

這座建築是由建築師Roberto Moreno設計的，於1939年開放，最吸引人的是內部的格子天花板，類似Mudejar穆德哈爾式風格（這個風格是阿拉伯人佔領伊比利半島時，以伊斯蘭藝術融合了基督教建築風格，於12世紀成為伊比利半島的主流風格）。這座建築的天花板以天然桃花心木八角形物體製成，充滿了細節，中間有玫瑰色窗戶，中央部份懸掛著一個古色古香的鍛鐵燈，在大廳的眾多圓柱上，也裝飾著六角形的鍛鐵燈籠。

16

這座美術館收藏了 20世紀瓜地馬拉藝術品。從入口處開始，依年代可以看到深受歐洲印象派風潮影響的作品，也有幾幅古典寫實風格的佳作。隨著動線推移，可以看見追隨畢卡索立體的牆作，只不過在畫作中融入部份馬雅文化的隱喻派，之後還有抽象畫及裝置藝術、雕塑作品等，原則上仍是奉西方藝術為圭臬的追隨之作。整座美術館的亮點，在於 Carlos Mérida 這位藝術家的作品，他曾前往巴黎，結識畢卡索等人，並將西方藝術風格帶回拉丁美洲，在墨西哥、瓜地馬拉等地，其壁畫、繪畫作品都獲得高度認可。這座美術館中央特闢了一間專屬於 Carlos Mérida 的展覽室，展出版畫作品，還有其生前使用的畫架、畫桌、顏料等，墨西哥是他的發跡之地（他後來亦入籍墨西哥）。在版畫中，有許多融合墨西哥民俗的作品，不過，最吸引我的是一系列名為 "Fragmentos del Popol vuh" 的作品，Popol Vuh 波波爾·烏是馬雅的創世神話，表現了對大自然及命運的態度，從創造世界、人類起源到部落統治等事蹟皆有描寫，Carlos Mérida 以其馬雅血統自豪，而將波波爾·烏的宇宙哲學觀轉化，融入其版畫作品中，很有特色。17

瓜地馬拉市的動物園 La Aurora Zoo 就在美術館
旁邊, 身為動物園控 (曙光之意!) 的我, 當然一定
要去打卡, 觀察一下瓜地馬拉動物園有沒有重視對
這些動物的生存權利的保護! 園中劃分了非洲区.
亞洲区. 美洲区,
還有設計用心的
爬蟲館, 佔地寬
敞, 所以動物可以
享受的生活空間還
算可以, 相形之下,

一輛輛的黃色校車載滿了小學屁孩到
動物園進行校外教學, 屁孩很吵, 希望
動物快點吃掉他們!

去年在 Quetzaltenango 克薩特南
果參觀的 Parque Zoológico Minerva
(密涅瓦動物園) 實在太侷促了,
不過, 這個動物園好像很喜歡
幫動物安排室友, 例如: 把駝鳥.
斑馬. 孔雀關在一起.; 把駱駝.
鴯鶓. 孔雀關在一起. 把駱馬和

La Aurora ZOO GUATEMALA

動物園的代表圖案是用
美洲豹當主角, 美洲豹是
馬雅文化中很重要的動物
(門票 Q.33)

驢子關在一起, 標示著烏龜牌子的柵欄內卻有一隻
鱷魚在晒太陽、山羊. 綿羊和牛一起住......, 我好想
訪問牠們對同居的感想如何? (天氣好熱. 快爆)

18

快曜昏的我，表情應該像上面這幾隻動物一樣呆滯，
我決定上超市補給食物。

這是一個連鎖超市
品牌

Aguacate
酪梨 3顆，Q16.39
(選軟一點的，可以當天吃)
酪梨是當地很常見的食材.
可生吃.也可入菜.或做成
酪梨醬，還可打果汁

cerveza (BRAHVA牌!)

啤酒一瓶.，Q4.15
天氣太熱了，順便帶一瓶冰涼的
啤酒消暑.

Chicharrón 炸豬皮.，Q.7.95
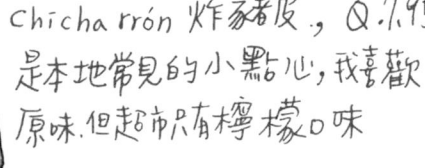
是本地常見的小點心，我喜歡
原味.但超市只有檸檬口味

bananito 小香蕉，6根 Q.4

(口味像芭蕉)

manzana 蘋果，

8顆 Q.20

Aguacate 指酪梨
Hass 哈斯是酪梨品種之一
LIBRA 本地重量單位為磅，
　　簡寫為 lb，西班牙
　　也用"磅"。一磅=0.454公斤

19

7月5日(五) 編織女神博物館

本日大事是：1° 買小尺寸的筆記本，要放在口袋問事情用。
　　　　　　2° 買下週一前往宏都拉斯Copán科潘的車票。
　　　　　　3° 參觀Museo Ixchel 編織女神博物館。

在台灣總是忙到一分鐘當兩分鐘用的我，步調終於慢下來了，買筆記本可以是一件重要待辦事項。旅人的行事曆無法填塞太多待辦事項，因為任何的移動都得問路找路，不但耗費心神時間，有時還得面對潛在的危險。往宏都拉斯的巴士公司 Hedman Alas 位於第十區，是還算安全的區域，我步行前往，順便在路邊小店吃了早餐。

Desayuno Chapin (瓜國傳統早餐) Q.20

fresco 自製果汁
pan 麵包
queso 起士
huevo revueltos con salchicha 臘腸炒蛋
frijoles 紅豆泥
plántano fritos 炸香蕉

11cm
9cm
文具店裡最小的筆記本 Q.4.5

原本以為我住的旅館附近沒什麼飲食店，初來乍到時，因為不安全感，精神緊繃，全力戒備，無力顧及其他。然而，逐漸熟悉環境後，卸下了緊張，視而不見的事物一一浮現。今天要參觀的 Museo Ixchel 編織女神博物館也是我的西語老師介紹的，網站上介紹：這是瓜地馬拉第一座專門用來

保存及展示紡織品的博物館……；我在去年曾造訪
Quetzaltenango克薩特南果的一間織品博物館Museo
Ixkik，展品多元豐富，但或許是經費不足，陳列空間陳
舊陰暗，十分可惜。根據經驗法則，博物館和美
術館還是得在首都看，其他城市的，都很像是來亂
的，東西不但有灰塵，看到一半東西還會掉下來 😐

MUSEO IXCHEL 編織女神博物館

→ 建築外觀以服飾圖紋做裝飾.

位於 Universidad
Francisco Marroquin 這
所大學內，磚紅色外
觀，寬敞通透，由瓜地
馬拉建築師群設計，極
具現代感，寬敞的中庭放置桌
椅，坐著上網，涼風襲來，真愜意。Museo Popol Vuh 波波爾·烏博
物館近在咫尺，我買了聯票，兩間皆可參觀，但我腦容量有限且很
容易肚子餓，決定一天看一間就好。

Telar de cintura de palitos 背帶織布機
(The backstrap loom)

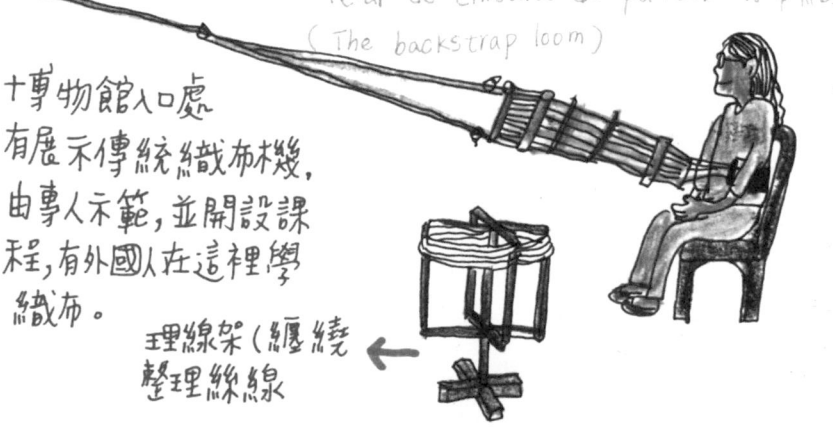

博物館入口處
有展示傳統織布機，
由專人示範，並開設課
程，有外國人在這裡學
織布。

理線架（纏繞
整理絲線

21

（德勒斯登手抄本）

→ 在重要的 Códice de Dresde
（也就是馬雅文獻手抄本）
也清晰描繪了前哥倫布
時期 pre-hispanic，此地
紡織的高水準發展，例如
左圖清晰描繪了當時的
服裝風格，以及背帶織布
機已經被使用！

這個博物館的名字 IXCHEL 源自
一個和月亮，生育有關的馬雅女神。
大約14～15世紀，後古典時期的
馬雅人，崇拜和月亮，生育有關的
IXCHEL，並視之為編織保護神，
而她的女兒 Ixche belyax，則是
刺繡的保護者，編織和紡紗
是所有社會階層家庭生活的一部
分，由母親傳給女兒。

⇒ 在 Códice de Dresde 德勒斯登手抄本
中的 Ixchel 女神形象，她手中翻轉
著水罐，以水滋潤土地，延續生命。

22

博物館因獲得來自國際基金會的資金挹注，蒐集藏品進行編目並妥善保存，展場規畫完善並附有英文解說，同時也辦理許多研習交流活動。因為全球化的關係，我們在生活各層面都難以抵抗西方潮流，地域的界線變得模糊難辨，我特別著迷於那些仍保留傳統服飾的開發中國家，例如：印度、衣索比亞……等，把傳統穿上身，是他們生活的日常，透露著一種民族自信心。瓜地馬拉是中美洲印第安原住民人數比例最高的國家，至今各部落仍通行自己的語言，並有專屬的服飾圖紋，這是珍貴的文化資產，期待這些如花朵般美麗的傳統服飾，可以代代相傳，並盛開於瓜地馬拉的土地上。

Almuerzo (午餐) Q.12

pollo 雞肉 (油炸雞腿排,切成兩塊)

番茄醬
美奶滋

Repollo 白菜
(醃漬.酸酸的)

Huacamol (或 guacamole) 酪梨醬

tortilla
玉米餅 (共有3片,用餐巾紙包著)

Cebolla 洋蔥 (生的,切碎)

我買的礦泉水, 3.3L

Q.9　Q.35

瓜地馬拉有許多石灰岩地形，水中含石灰質，屬石硬水，不適合直接飲用，當地人都會買水飲用或煮食，藍色超大瓶裝水十分常見。

當地常見大瓶裝

用很多保麗龍餐具,令我不安!

長久以來，有種說法形容語言是探向世界、認識不同文化的窗……，這個說法很有道理，不過，雖然我學過幾種語言，但都慘不忍睹，是的，我也有好幾扇窗，但每一扇幾乎都是破窗！不過窗户雖破，但倒也幫我窺看了這個世界，同時也幫助我在旅行的路上障礙少一點，是的，不懂當地語言，還是可以旅行，反正現在網路如此發達的時代，許多訊息可以先在網路上取得……。可是，我難以滿足這種狀況，我希望可以旅行得更順利一點，可以更了解當地一點……。所以我一點一點地學了西文，每一種語言的文法時態都不同，語言同時也透露出一個民族文化的思考模式、價值觀等。西文對我而言，是很困難的語言，因其動詞變化隨著人稱、時間、表達模式而產生複雜變化，還好我是外國人，當地人總會耐心地抓住我的詞彙，努力理解我的需求。同樣是西班牙語，飄洋過海來到拉丁美洲也會產生質變，這是學習語言最有趣的地方 —— 不只是學語言，而是學文化！

例：西語有六種人稱，其中 vosotros 在這裡卻是不被使用的。

Yo ——— 我	Nosotros ——— 我們
Tú ——— 你	vosotros ——— 你們
E/ella/usted 他/她/您	Ellos/Ellas/Usteades 他們/她們/您們

7月6日（六）波波爾·烏博物館

早餐，又是街角小店的傳統早餐，我覺得未來我應該有機會重複一直吃、一直吃。

Desayuno chapin
（仙國傳統早餐）

小塊甜餅乾
起士
鹹豆泥
咖啡
Q.20

傲吃膩！

炸過的玉米片

炸香蕉 3片

醃漬蔬菜

炒蛋

salchicha 臘腸

tortilla 玉米餅 3片

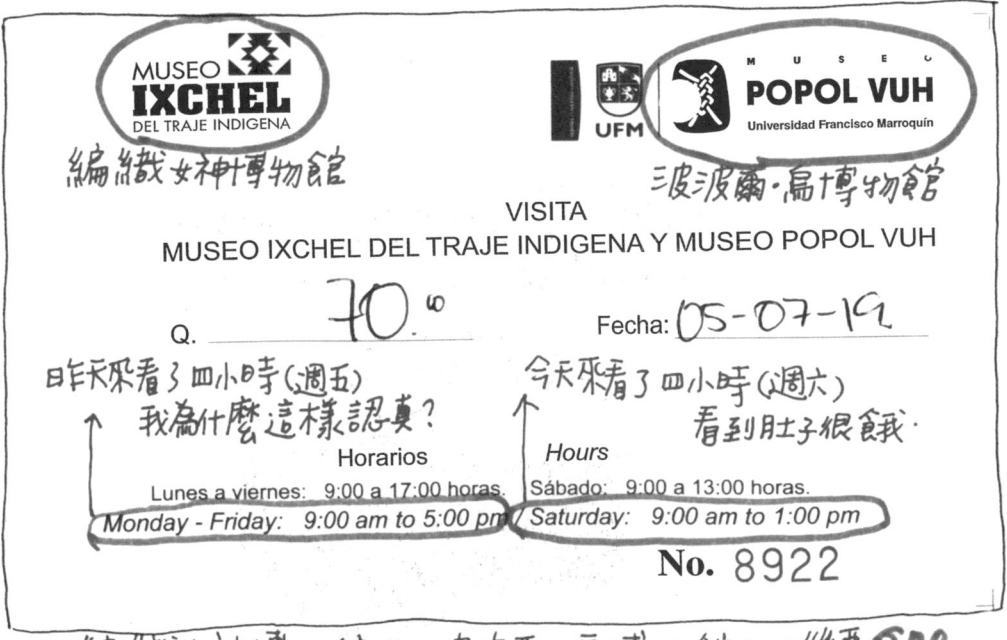

昨天來看了四小時（週五）
我為什麼這樣認真？

今天來看了四小時（週六）
看到肚子很餓.

▲ 編織女神博物館 和 波波爾·烏博物館的聯票 Q.70

Peiyu的馬雅小常識 { 什麼是 **Popol Vuh** 波波爾·烏

波波爾·烏是瓜地馬拉高地区的神聖史詩，內容敘述馬雅創世故事，並列出歷代統治者。這本書是在18世紀初，方令奇奇卡斯特南果(chichicastenango)的教會中，西班牙神父法蘭西斯科·席梅內茲意外發現的！內容為馬雅基切語(Quiché)但以拉丁字母記錄，神父將它翻譯成西班牙文，而流傳至今，從其中的神話故事，可以一窺馬雅人的精神世界。值得一提的是，此書中提到，眾神用泥土、木頭造人失敗後，最後用玉米造出了具有感知能力和智慧的人類，因此，馬雅人深信他們的祖先從玉米而來。

因為西班牙人殖民中美洲後，希望消滅馬雅文化，讓當地人接受西班牙語，故引進西班牙文字系統，以拉丁字母為馬雅語記音！

為什麼波波爾烏的內容是馬雅基切語，卻不是用馬雅文字書寫？

在博物館内，如果想拍照，必須另外為自己的相機買一張票，這張螢光貼紙就是票，貼在身上！

MUSEO
POPOL VUH
UFM
Universidad Francisco Marroquin

Q.15

 Peiyu的馬雅小常識 〈蘭達主教 焚書坑儒〉

十六世紀,西班牙殖民者踏上中美洲的土地,西班牙天主教的神父們欲將馬雅文化與宗教消滅,大主教蘭達(Diego de Landa)認為馬雅文字是魔鬼的文字,書中記載的內容全是魔鬼的謊言與迷信,於是下令將馬雅圖書悉數焚毀,並將所有懂文字的知識階層 — 祭司處以火刑。從此之後,馬雅文字就成了無人能懂的謎,至今能被解讀的部份非常有限,蘭達燒毀的,是馬雅人的文明資產,包含天文曆法,建築….等記錄.甚為可惜。

 殘念!

目前僅有四本手抄本免於浩劫所倖存,根據收藏或發現者命名,在波波爾·烏博物館展示了其中一本 → Códice de Dresde 德勒斯登手抄本的複製品 (正本目前存放於德國德勒斯登圖書館)。

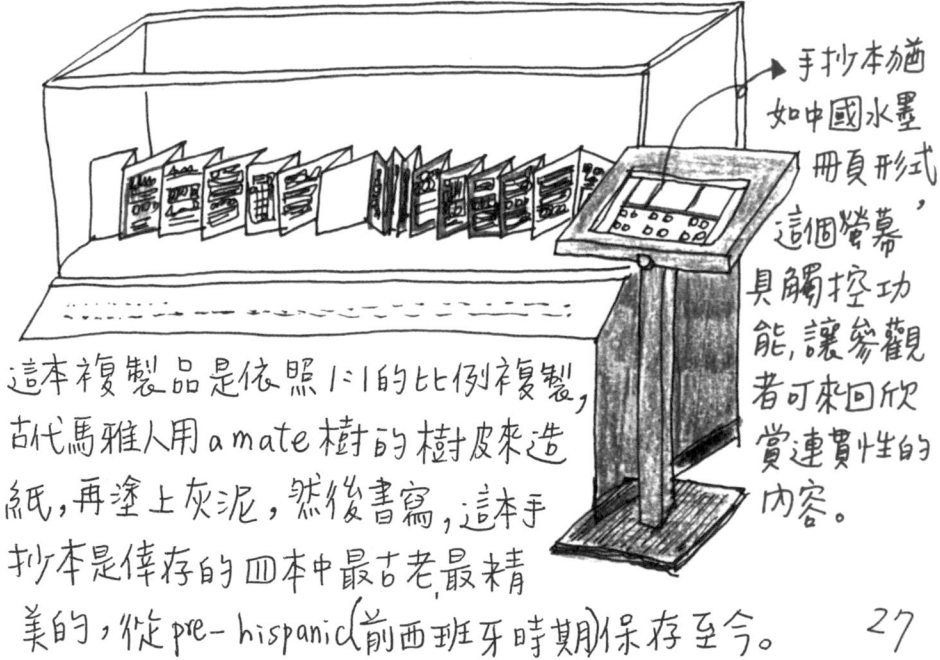

這本複製品是依照1:1的比例複製,古代馬雅人用amate樹的樹皮來造紙,再塗上灰泥,然後書寫,這本手抄本是倖存的四本中最古老最精美的,從pre-hispanic(前西班牙時期)保存至今。

手抄本施如中國水墨冊頁形式,這個螢幕具觸控功能,讓參觀者可來回欣賞連貫性的內容。

27

Dresde 德勒斯登手抄本共有39頁(78面),有的布滿象形文字,有的穿插圖畫,無論文字或圖畫線條均流暢曼妙,有種中國水墨畫的韻味。估計可能寫於12或13世紀,內容與曆法相關,涉及金星運行週期.日蝕週期表.新年儀式,特定日期都有主宰吉凶的神明,並進行預言;還好因為這本古抄本的保留,我們才能有幸目睹馬雅古文明的輝煌成就及豐富文化底蘊。我想,如果當初西班牙人沒有殖民拉丁美洲並摧毀馬雅文化,今日世界歷史也許會大翻轉。

這個博物館展示了馬雅文明不同階段的文物:

① Preclassic Period　1500B.C~A.D 250 前古典時期
② Classic Period　A.D250-900　古典時期
③ Postclassic Period　A.D.900~1500　後古典時期
④ Colonial Period　A.D. 1524-1821　殖民時期

其中,令人印象深刻的是 Cacao 可可

可可樹是中美洲熱帶叢林的重要物產,馬雅人將成熟的果實採摘下來.發酵.晒乾.將種子(可可豆)取出烘烤.磨碎後.加水.辣椒.玉米粉等,做成香濃的飲料—巧克力,稱為「神的飲料」,是貴族才能享用的奢侈品,可可豆也被當成貨幣使用。

可可果實
神

飲用巧克力的陶杯,在瓜地馬拉的市集中仍然有販售,古代就有了!

(我買了一個)

28

Almuerzo 午餐

- Pollo **azado** 烤雞
- Carne **azada** 烤肉
- chuleta a la plancha
  <u>排骨肉</u>　　　鐵板
- Cuarnicion, tortilla, **fresco**
  (每肉類搭配的) 玉米餅 果汁
  蔬菜 Q. 25

以前老師教我的單字
拼法是 asado 或 asada，
我不知為何這裡寫這樣，
但我還是看得懂.

這裡的飲食店門口都會寫出
本日特餐，一份完整的套餐包
括：主菜(任選)，飲料，玉米餅
蔬菜等。

fresco 指的是家庭自製果汁
這裡的人很少喝湯，吃飯
時通常搭配飲料，點餐時
店家會問你要搭配可樂還
是汽水等，而這種每日特餐。
會附上一杯家庭自製果汁，
冰冰涼涼，很消暑。

檸檬 / 生菜沙拉 / 一大塊烤肉
洛神花茶
塑膠袋裡裝著三片玉米餅
刀叉用餐巾紙包好
略做調味的米飯
用馬鈴薯, 胡蘿蔔, 長菜豆, 雞丁和美乃滋
做成的沙拉.

EN VIVO

默默吃完

電視正實況轉播
正踢得如火如荼
的美洲盃足球賽,這場是智利對阿根廷。

29

7月7日(日) 我眼中的瓜地馬拉市

瓜地馬拉市小檔案(簡稱:瓜京或Guate)

人口: 92.34萬(2018年)(但實際數字應更多)

海拔高度: 1500m

歷史: 西班牙殖民時代早期,瓜地馬拉市只是一個小城鎮,
直到1773年7月29日,大地震摧毀了當時的殖民首府
Antigua安提瓜,當局決定遷都至此,於是瓜地馬拉市
開始發展,然而地震在1917、1918、1976年曾重創此城市。

注意事項: 瓜地馬拉市被認為是一個混亂危險的城市,許
多旅客會跳過這裡,選擇由機場直接前往較安全的
Antigua安提瓜,然而此地擁有很棒的博物館,亦是
全國的交通樞紐,第九、十、三、亖區較安全(台灣大使館
在第九區,美國大使館在第十區,機場在三區,亖區則為
新穎的商業區)

市區觀察心得: ♥

Farmacia(藥房)
AK47步槍!
沒有,如果有,警衛會先被警察抓起來吧!
你在台灣有看過藥房門口有帶槍警衛嗎?

1° 店家通常都有警衛,而且
佩帶長槍,光是麥當勞的三
個出入口就有三個帶槍警衛,難怪
書上形容瓜地馬拉是一個槍枝泛濫的國家。

2° 市區沒有一刻不塞車,只要塞車,駕駛就狂按喇叭,非
常吵,但按喇叭完全沒有任何幫助,只會更煩吧!

3° 家家户户都用鐵門
鐵窗掩得密密實實.
有的餐廳連大門都不
開, 我還以為沒營業,
連台灣大使館的門也
始終緊閉。

更小比, 你說!
台灣大使館是
不是倒店了?

Peiyu啊! 難道你要它
大門敞開, 在光天化日
之下被洗劫一空? 他們
畢竟是你的同胞阿!

4° 雜貨店很多都裝鐵窗,
只留一個小窗口交易, 他們
應該是很怕搶劫, 所以
寧可把自己關起來。

¿ tienda 商店
。
cárcel 監獄
?

我只是想買
二根冰水棒,
命P像是來探監!

5° 很多路口都沒有紅綠燈, 想
過馬路得硬闖, 我好怕自己
會一命嗚呼! 且人行道暗藏
許多坑洞, 要非常小心, 我看新

我想我要穿
越地心去
印度洋了!

Peiyu!
你跑去
哪兒了?

聞說2010年市中心曾出現寬30m. 深60m的大黑洞, 被
稱作『天坑』, 希望掉進大黑洞這種事別發生在我身上!

6° 貧富差距大, 等紅綠燈時, 常有小孩在車子前面表演丟球
討賞錢, 衣衫襤褸的他們, 和光鮮亮麗的城市反差極大。

7° 我最常搭乘
的交通工具
是 transmetro

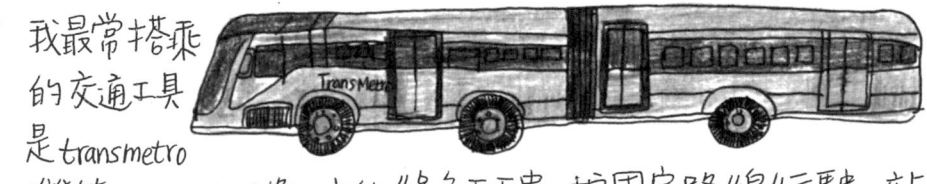

(雙節巴士), 外形像巨大的綠色毛毛蟲. 按固定路線行駛, 站
名標示清晰且月台新穎. 有警衛駐守, 安全方便! (2014年
曾引進台中市, 稱為BRT快捷巴士, 但僅營運一年就失敗了) 31

基本上，我最常使用的是 綠線〈Line 13〉的雙節巴士

Tipografia 是位在第一區. 第一區治安較差,白天ok,但夜晚不宜逗留
從這一站下車,沿著 6A Avenida 向北走,這一條街道週末是
行人徒步區,兩側有許多商店,速食店和商場等,還有街頭藝人
表演,假日人潮洶湧, 6A Avenida 向北走會到達 Parque Central
中央公園. Plaza de la Constitución 憲法廣場和 Cathedral of Guatemala
City 大教堂.

```
                    TIPOGRAFIA
                        ○
                        |          ○ PLAZA BARRIOS
                        |          /FEGUA          ( BANCO DE GUATEMALA )
EL CALVARIO  ○          |                   這一站有瓜地馬拉銀行,在銀行外
                        |                   牆上有藝術家〈Dagoberto Vásquez
                        |                   的浮雕作品.主題是瓜地馬拉歷史,
4 GRADOS     ●          ● BANCO DE →           走過天橋,對面的 Municipalidad
    SUR                   GUATEMALA        de Guatemala 瓜地馬拉市政廳 一
                        |                   樓有 Carlos Mérida 的馬賽克作品.
EXPOSICION   ●          ● PLAZA DE         西側外牆有 Dagoberto Vásquez 的浮雕
                          LA REPÚBLICA
TERMINAL     ●          ● TORRE DEL        ╭─────────────────────────╮
                          REFORMADOR       │毒去編織女神十博物館.或玻玻爾·馬│
INDUSTRIA    ●          |                  │十博物館.可坐到這站,再走一段路. │
                        ● SEIS 26          ╰─────────────────────────╯
TIVOLI       ●          |                  ╭──────────────╮
                        ● IGSS ZONA 9     │這一站靠近醫院, │
╭─────────╮ MONTUFAR ●  |                  │轉角或附近的小 │  * *
│這是離我的 │            ● PLAZA ESPAÑA    │吃店很多      │  * *
│旅館最近的站│           |                  ╰──────────────╯    *
╰─────────╯ ACUEDUCTO● |
╭─────────╮             ● LOS ARCOS
│去動物園,人類│FUERZA AEREA●
│學十博物館,王現代         |
│美術館可到   │          |
│這一站      │HANGARES ○  ○ PLAZA ARGENTINA
╰─────────╯            |
                        ● JUAN PABLO
                        |
             PLAZA BERLIN
```

trans Metro 的停靠站
設計新穎. 現代化.

本日行程：第一區舊城區漫遊

這間位在第一區的 <u>Panaderia Berna</u> 是本
　　　　　　　　　麵包店
地大熱店, 快走到 Parque Central 中央公園
時, 就會看到本地人幾乎人手一袋用有
熊圖案的塑膠袋打包的果汁, 便宜又
大碗, 保證喝到撐爆！價目表在此！

Licuados

o Fresa 草莓　o Papaya 木瓜
o Piña 鳳梨　o Banano 香蕉
o Melón 寶瓜　o Mixto 綜合
Con Agua 加水
Q. 7.00
Con Leche 加牛奶
Q. 8.00

◀ 主題：歌唱到瓜地馬拉

◀ 這是 Dagoberto Vásquez 在市政　33
廳西側外牆的浮雕作品.

一個人喝一袋．實在超級撐！

電視在播美洲盃足球賽

一字排開的果汁機，果汁製作中……

工作人員叫號碼……

這間 Panaderia Berna 真的要大推，除了果汁之外，還可點現做的麵包，有三種口味：

• Frijol 豆泥 Q. 5.00
• Jamon 火腿 Q. 7.00
• Pollo 雞肉 Q. 8.00

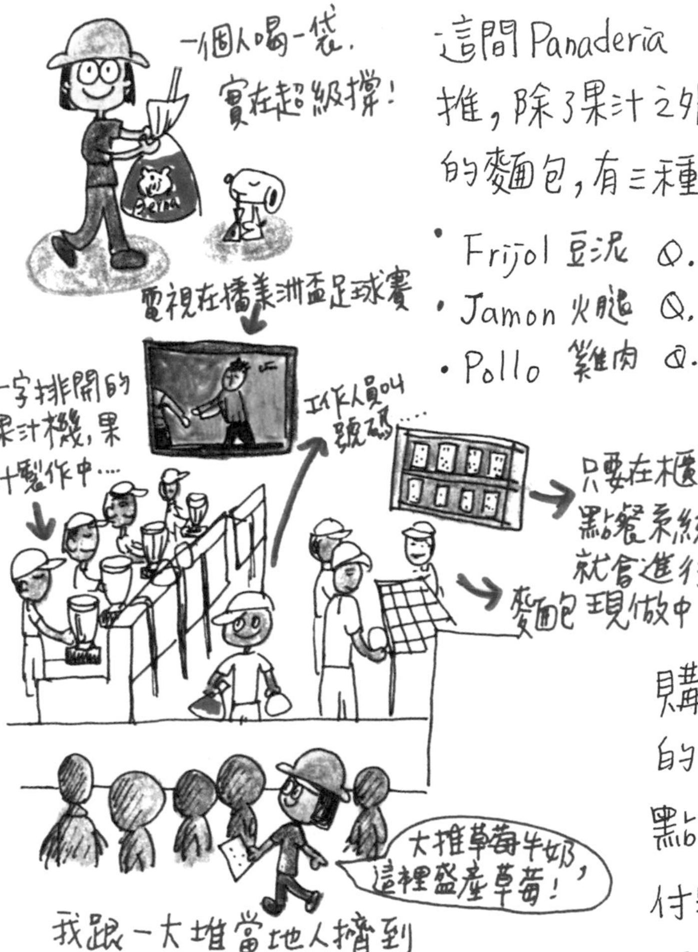

只要在櫃台點餐，螢幕的點餐系統就會出現，工作人員就會進行餐點製作。

麵包現做中

大推草莓牛奶，這裡盛產草莓！

我跟一大堆當地人擠到櫃台前等候叫號碼領果汁和麵包。

購買程序是這樣的：首先先去櫃台點果汁或麵包，付完錢會拿到號碼單，接著再去左邊的領餐櫃台等候工作人員叫號碼。果汁是現打的，麵包也是現做的（旁邊還有烤箱，麵包熱呼呼出爐！好香），店內也有賣其他甜點，但我吃不下，店裡有一整排靠窗的高腳椅座位，看著街上的人群往來，好悠哉。

這條第一區 Zona 1 的 6A Avenida 街道簡直是速食店的一級戰區,除了國際連鎖速食店例如麥當勞、必勝客之外,還有許多瓜地馬拉本土品牌,除此之外,還出現了兩間賣台灣車輪餅的店家。

Pastelitos con Manjar
車輪餅
CHE LUN PW
Q.1.00
Taiwán 台灣
Combo Café o chocolate +2 pastelitos Q.5.00
沙淇瑪
SACHI MA   Q5.00
HARINA FRITA CON MiEL
AQUA   Coca Cola o Pepsi
sopas preparadas a Q6.00
Leche de soya 100% natural 16onz. a solo Q6.00

- 車輪餅一個 Q1(但比台灣小!) 奶油口味
- 沙淇瑪一個 Q5
- 套餐:咖啡或巧克力,車輪餅2個,一份 Q5
- 看起來像速食杯麵的東西 Q6 (上面寫是 sopa 湯) ※是台商生產的泡麵
- 號稱百分之百天然的豆漿 Q6.

明天要離開瓜地馬拉市了,我住的那一區及今天逛到的區域都有中國餐館。我想在離開這個城市之前去吃一次中國餐館,因為我沒有把握下一次可以吃到炒麵、炒飯或者湯麵,是什麼時候?我想先存一點在肚子裡!

Q3.50
麥當勞推出霜淇淋特價,一支 Q3.5

35

RESTAURNANTE BAMBU

雖然我住的旅館附近，就有一間"來來"中餐廳，而且很大一間，但在 Zona 1 第一區經過這間"竹園"餐廳時，我決定就吃這間吧！人似乎要飄洋過海與異族人共處時，會用圖像符號來顯示自己的身份，我看海外的中餐館不是用紅燈籠就是用竹子或一些中國符號裝飾。在台灣的餐廳，很少會這樣裝飾 (只有過年時會這樣！)

和"牙買加"這個
國家的拼音一樣

chao mein de lomito 牛肉炒麵
Q50.

Refresco natural
(rosa jamaica) 洛神花茶
店裡有horchata
(杏仁茶)，但我沒
點。
Q14.

36

撲！

那盤牛肉炒麵大概是我平日食量的兩、三倍，不過我仍假裝像電視大胃王比賽節目那樣，氣定神閒地用店家提供的筷子一掃而空，因為我向來不能忍受浪費食物！不過，因為太太太鹹了，所以我點了冰洛神花茶解渴，吃完這盤麵，我覺體內已囤積一週所需的鹽份，然而，在結帳時，我才發現，原來吃不完是可以打包的！他們用綠色塑膠盒幫客人打包，千金難買早知道！好飽！

可以打包！
居然

打包專用塑膠盒

因為吃太飽的關係，決定去 parque Central 中央公園散步，並參觀大教堂。假日的廣場是

Catedral Metropolitana 大教堂
建於 1782-1815年之間，撐過地震與火災而保存至今。但 1917及1976 的地震便其嚴重受損，內部裝飾很細緻。

瓜地馬拉人扶老攜幼消磨時光的地方，有許多飲食攤及表演，儘管週遭的博物館及劇場所都沒開，我卻在這兒觀察到了瓜地馬拉人的眾生相，還包括了一場聲嘶力竭的傳教活動，這就是瓜地馬拉市的週末。 37

7月8日 (一) 前往宏都拉斯科潘

今天是移動日，要從瓜地馬拉市移動到宏都拉斯的 Copán 科潘，其實我在旅行時，很不喜歡跨國移動，因為跨國移動往往會衍生簽證、通關等手續上的變數，且還得重新適應一個國家的語言、貨幣等，對於我這種懶惰又怕麻煩的人而言，多一事不如少一事，所以我會避免跨國移動。但是，因為我所參觀的博物館，以及我所閱讀過的馬雅文化的書都提到：科潘是馬雅文化的重要遺址，想認識馬雅文化，不可錯過科潘⋯⋯；害我一整個被打中，也不管我手上沒有宏都拉斯的旅遊書，也不管完全沒做功課，只知道台灣人進宏都拉斯免簽證，且從瓜地馬拉市有直達 Copán 科潘的高級巴士，我就先買票再說，至於該做的功課，等到了再說吧！匆匆打網路電話訂了科潘的旅館，安心了不少。高級巴士清晨五點發車，基於安全考量，我請旅館代叫計程車，雖然 Uber 在此地也開始有人使用，但我想我還是謹慎一點比較好。

回 表情

HEDMAN ALAS

38 票價：Q292　　HEDMAN ALAS 巴士公司

對不起

這間公司的巴士明明很高級，被你畫得像破車！

Pasaje		Pase Desabordaje

Hedman Alas extiende pasaje al Sr(a).: → 護照號碼

CHANG PEI-YU

Hedman Alas

Quien acepta los Términos y Condiciones expresadas en el reverso de este Boleto.

Número de Id.: ~~0984A4505~~   Forma de Pago: **CONTADO**

Fecha de viaje: 07/08/2019 05:00:00 AM   Tipo de Servicio: **EJECUTIVO**

Fecha de expedición: 07/05/2019   Agente: evicente

Valor: 高價位！ 292.00   Válido Hasta: 07/23/2019 05:00:00

Otros Cargos: 0.00

Equipaje: 0.00   N.° 3892411

Total a Pagar: 292.00   3,892,411

Compra en Línea o Visítanos www.hedmanalas.com

ORIGEN	DESTINO	HORA	ASIENTO	FECHA DE VIAJE
GUA	CPR	05:00am	29	07/08/2019

清晨五點在巴士公司發車,巴士公司在
第十區,我住第九區,計程車費Q.40,
司機以為我要去機場,差點坐錯,
還好我有警覺先生

Id. N.°: ~~0984A4505~~
Sr.: CHANG PEI-YU
Origen: GUA
Destino: CPR
Fecha de viaje: 07/08/2019 05:00:00
Fecha de expedición: 07/05/2019
Hora: 05:00am
Asiento: 29 車程5又1小時,
Bus N.°:
Agente: evicente
Servicio: **EJECUTIVO**
Total Pagar: 292.00 車況及
Forma de Pago: 路況均佳

N.° 3892411

3892411
3,892,411

Compra en Linea o Visitanos
www.hedmanalas.com

Gran Ctral. Metropolitana, SPS   La Entrada, Copán   Antigua, Guatemala
PBX (504) 2516-2273   Tels (504) 2214-0478 / 0021   Tel (504) 2651-4037   Tel (502) 7832-6162
Aeropuerto SPS   Siguatepeque   Ceiba   Guatemala
Tel (504) 2668-0179   Tel (504) 2773-3033   Tel (504) 2441-5347   Tels (502) 2362-5072 y 73

清晨略有涼意,我想到高級巴士可能會開冷氣,於是
先把風衣外套從大背包拿出來。在候車室看到一位貌似
華人的先生正在吃一個疑似 homemade 的美味漢堡及一
瓶疑似豆漿的東西,我忍不住多看了好幾眼,後來
自覺失禮才趕快停止,希望

呃～我好餓我喔,這位先生吃得那麼香,
不覺得自己會破壞世界和平嗎?

Peiyu,你不覺得你這樣盯著
別人吃東西,很沒禮貌嗎?你是老師!

39

那人不要強烈感受到我飢渴我的目光才好，我真羨慕有豆漿可以喝的人！(我的反應真的太誇張了！)，上巴士之前，

呃！出了國突然很想喝啊！

Peiyu，我只知道你愛喝咖啡，沒聽說過你愛喝豆漿！

必須進行安檢，不但要翻背包檢查，也會用金屬探測器檢查是否攜帶武器，

因為巴士公司也很怕半路上出現假乘客真強盜拿槍洗劫全車的人！在黑漆漆的巴士上無事可做，我拿出 ipad 和耳機，開始看有關瓜地馬拉的影片，在台灣都忙到沒時間做的事，現在終於有機會做了，反正這是高級巴士，拿ipad 出來應該很安全，不致於太招搖……。還好高級巴士有附贈早餐，意外獲得真令人欣喜☺ 那位吃漢堡、喝豆漿的先生走過來找我說話，原來他看到我 ipad 上的中文字，覺得我應該是台灣人，這位林先生也來自台灣，98年全家移民中美洲(真是有勇氣！)，現在住在宏都拉斯第二大城 San pedro sula (老實說，我根本不知那是什麼?? 我只知道台灣人去宏都拉斯不用簽證，若不是他告訴我宏都拉斯是台灣邦交國，我這位地理老師還在狀況外……，果然課本是課本，現實生活是現實生活！)

40

我也不知事情怎麼演變的！

Peiyu，你這次是邦交國之旅嗎？

aduana
海關

BIENVENIDO A HONDURAS

↓
歡迎來到宏都拉斯

到了瓜地馬拉與宏都拉斯邊境,全車乘客都要下車辦理通關手續,這是我所辦理過的最便民的通關手續了,因為兩國的海關居然不是各自分別在不同建築物,而是設立在同一棟建築的相鄰櫃台。等於說,在右邊櫃台辦好瓜地馬拉

ADUANA EL FLORIDO 這個海關名稱
ADUANA HONDURAS

宏都拉斯國旗
MIGRACIÓN HONDURAS
宏都拉斯移民局

MIGRACIÓN GUATEMALA
瓜地馬拉移民局

3

4

→ 瓜地馬拉國旗.

出境手續,就可以馬上移動到左邊櫃台辦理宏斯拉斯入境手續。林先生告訴我台灣護照在中美洲滿好用的,很多國家免簽,但自從薩爾瓦多與台灣斷交後,前往薩爾瓦多就需要簽證,而且需要的文件十分囉嗦,他說曾有背包客大老遠坐車去邊境,被擋下來,只好再坐 41

車回首都辦簽證……，驚!這個我一定要筆記下來，因為這很像我會做的事!林先生把車上發的雞肉堡送給我，又請我吃他帶的零食。知道我身上完全沒有宏都拉斯貨幣，立刻掏出一堆零錢，甚至大鈔要我帶在身上先用。我收下了零錢準備付前往科潘小鎮的交通接駁費用，這時候我才知道宏都拉斯的貨幣單位是倫皮拉 (Lempira)，代號L。

↑高級巴墣發的餐點，還附了飲料

謝謝林先生請我吃餅乾!

這個牌子的玉米餅點心滿好吃的!

Peiyu!你不覺得你吃太多了嗎?還連一塊錢也沒有!

$$1\ 倫皮拉 \doteqdot 1.28\ 新台幣 \quad (HNL)$$
$$1\ USD\ 美元 \doteqdot 24.41\ 倫皮拉 \quad HNL$$
$$1\ GTQ\ 瓜地馬拉格查爾 \doteqdot 3.2\ 倫皮拉$$

倫皮拉 (Lempira) 是宏都拉斯的民族英雄，在16世紀抵抗西班牙人的入侵，1元紙鈔上有他的肖像。

這就是民族英雄倫皮拉

42

在 Hedman Alas 的休息站和林先生道別，他要回位於 San Pedro sula 聖佩德羅蘇拉的家，我則要搭 motortaxi（電動三輪車）前往科潘小鎮，司機說可以付瓜地馬拉貨幣，也可付宏都拉斯貨幣，反正是邊境，所以都通用。

motortaxi，往科潘小鎮 L.20

posada西文是客棧之意

↖ **HOTEL**
La Posada
Copán

Hotel La Posada Copán
地址：½ cuadra al Norte del Parque Central, copán
乾淨.舒適. wifi, 熱水, 風扇
双人房一晚 21 USD美元

我訂的旅館就在 Parque Central 中央公園北側，地理位置絕佳。初到一個新的地方，如果能找到傳統市場和超級市場，就象徵好日子，傳統市場的熟食攤可填飽肚子，而超級市場可補給生活用品，我先上超市買水，順便觀察物價。

水 1 Galón (加侖)
= 3.79 Litros (公升)
L 24.5

Chicharrones chicharron 炸豬皮 L34.1

啤酒 L 11.8

43

7月9日(二) 街頭小吃人體實驗

昨晚腹痛,跑了好幾次廁所,原因可能是昨晚我在Parque Central中央公園的人行道上買了一碗 Atol shuco de maize.
（用玉米製的飲料）　（玉米）

這是薩爾瓦多.宏都拉斯常見的食物,是一種玉米粉發酵飲料,鹹酸味,吃的時候會加進 ① frijoles (煮豆子) 和 ② semilla (種子) de ayote (葫蘆) 磨成的暗綠色粉末,再擠一點檸檬汁,然後隨個人喜好加辣,這種飲料被盛在一種天然容器 guacal 裡頭,看起來很環保。

Atol shuco de maize

L.10

guacal 小檔案

化緣中…

- 用加拉巴木(jicaro 或 morro,加拉巴木在不同國家有不同的名字)的果實製成,果實外殼非常堅硬,綠色的果實從樹上採收後,鋸成兩半,果肉挖出來可製成飲料,外殼則可做成勺子或碗等容器,質地很輕。
- 加拉巴木在馬雅神話 popol vuh 波波爾·烏中曾被提及,雙胞胎英雄 Vucub-Hunahpú 和 Hun-Hunahpú 與惡魔進行球賽被殺死,Hun-Hunahpú 的頭被懸掛在樹上,變成了果實,這種樹在中美洲被認為是神聖的,馬雅人會用 guacal 這種容器喝巧克力。

雖然拉肚子,但不耐飢餓的我,決定上街吃個 pupusa 普普薩。
→ 賣pupusa的店叫做 pupusaria

Pupusaria

泡菜 →
起士口味 pupusa

L.12

吃普普薩會搭配泡菜,例如:胡蘿蔔甜菜根.花椰菜,桌上擺一大罐,隨便你加!

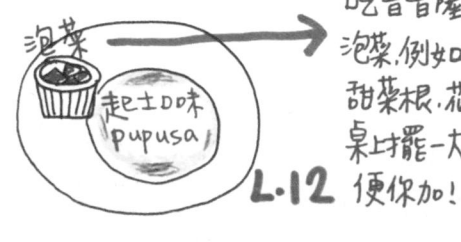

Café negro 黑咖啡

(好喝)

L.10

44

Pupusa 普普薩小檔案

pupusa是薩爾瓦多國民美食,是填塞餡料的玉米餅,約一個巴掌大,餡料多樣,例:炸豬皮chicharrón、起士、南瓜ayote、雞肉、豆泥……等,把餡料填塞進玉米糰圍後,再壓扁放到鐵板上煎,吃的時候會搭配泡菜,普普薩在中美洲國家也很常見。

在眾多餡料選擇中,最特別的算是Loroco,Loroco是一種龍膽目植物,含苞時是綠色,綻放時為白色花朵,通常是含苞待放時摘取做為食材,此藤蔓植物在中美洲很常見,切碎後,混入起士,填塞在玉米糰中,就是Loroco口味的普普薩。

吃完普普薩,我又繼續回旅館拉肚子,不過情況不嚴重,就當成清理腸胃吧!午餐時間一到,又去傳統市場覓食,我點了清燉牛肉湯,沒想到賣完了,老闆不忍心讓我失望,去隔壁攤位端了牛肉湯、米飯和玉米餅給我。

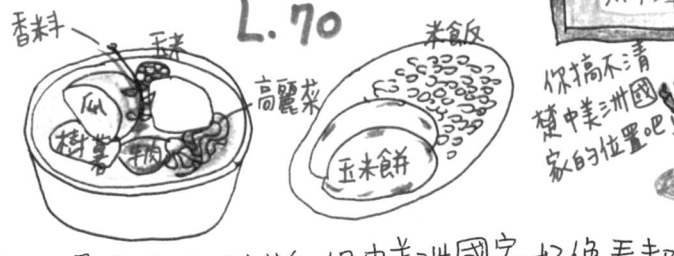

香料　菜　米飯
瓜樹薯　高麗菜
L.70
玉米餅

你搞不清楚中美洲國家的位置吧!

你自己也搞不清楚吧!

明明是在宏都拉斯,但中美洲國家好像看起來都差不多,我甚至覺得自己還在瓜地馬拉,人種、語言……都沒差別。

45

7月10日㈢ 科潘遺址

Desayuno chapin 瓜地馬拉傳統早餐

玉米餅

起士
豆泥

黑咖啡

L.50

本宏都拉斯Copán科潘咖啡很有名！

在宏都拉斯吃瓜地馬拉傳統早餐，傳統市場賣早餐的老闆娘和夥計對我很親切，很有耐心地陪我練習西語會話。

科潘Copán是鄰近瓜地馬拉與宏都拉斯邊境的一個小鎮，平凡無奇，因馬雅文化遺址而聲名大噪，此遺址與瓜地馬拉的Tikal提卡爾、墨西哥的Chichen-Itza奇琴伊察及Uxmal烏斯馬遺址並駕齊驅，因為周雕刻藝術而聞名，科潘被稱做「美洲大陸的雅典」，我已經混了兩天，應該要面對現實去瞧瞧了。

遺址參觀注意事項

1° 最好八點一開門就進去，較不熱，不然會被曬昏

2° 穿一雙好走的鞋，因為遺址佔地遼闊，會走到掛掉。

3° 準備水和食物，遺址內沒有任何商店，只能吃土。

4° 準備帽子、防曬油、長袖薄外套或陽傘，積極防曬。

自從馴化玉米做為主糧，進入農業定居社會後，馬雅人慢慢地由小村落發展出城市文明，於 classic 古典時期達到巔峰，馬雅土城市建築群由幾個基本要素構成：開放式廣場、金字塔、神廟、宮殿、球場、祭祀平台……等，曾為馬雅古王國首都的科潘，得以使人窺見當年城市的細節。

Macaw 金剛鸚鵡

COPÁN EMBLEM GLYPH
這個馬雅象形文字的意思是 " COPÁN 科潘 "

🎩 Peiyu 的馬雅小常識
馬雅象形文字

遺址入口處有金剛鸚鵡的保育說明，這裡飼養了很多金剛鸚鵡，從協助築巢、繁殖……，色彩繽紛的金剛鸚鵡是古代馬雅人的聖鳥，copán 科潘有 16 個國王，第一位奠基者 K'inich Yax K'uk Mo 國王，名字的意思是：the quetzal and the macaw (格查爾鳥和金剛鸚鵡，格查爾鳥是馬雅文化中另一重要的聖鳥)

quetzal 格查爾鳥的羽毛常做成 貴族頭飾↗

▲在遺址的祭壇浮雕，K'inich Yax k'uk Mo 國王的形象

馬雅貴族會用這兩種鳥的羽毛做裝飾，在象形文字中也可做為符號，並可當成有價值的貨幣與其他城市交易，也可當成珍貴寵物來飼養。

馬雅象形文字看起來像美麗的藝術作品，為了書寫雕刻排列整齊而劃成方塊，馬雅文字從前古典時期以降，不斷發展，字詞豐富，且不僅用圖形示意，也將表意文字與音節文字結合，具有標音示意的作用；每一個方形單體字可以拆解成好幾個符號，例如：copán 科潘拆解如下：

一串圓珠 ⚬⚬⚬⚬⚬ → 代表「世代」

⊞ 代表「王」之意

🦇 代表「蝙蝠頭」，蝙蝠為科潘的國徽

三者組合就是科潘王國的意思。

47

科潘過去是一個人口眾多的城邦,且歷代統治者為一支著名的家族,這個家族的統治故事通通記錄在遺址中散落於草地上的巨大石雕人像上。每一座石雕都精周佳細琢,巧奪天工,正面為人像,背後及兩側則刻滿華麗的馬雅象形文字,記錄統治者的年代與歷史事件,其中,最有名的是描繪西元695年登基的第十三代國王 Waxaklajun Ubaah K'awiil (也就是 18-兔 國王)的 stelae A (石碑A)。這些石碑都是用石灰岩周刻而成,古人在採石場切割巨大石塊後,用滾木運送.再立在基座上,然後由工匠進行雕刻。

科潘的國王有很多名字都很奇怪,什麼煙猴族?月豹?煙豹?……

左側的象形文字有提到其他城邦的名字。

Tikal 提卡爾

Palenque 帕倫克

Calakmul 卡拉克穆爾

Stelae A ▶

可惜剛發現時,階梯已經垮了,這是重新組裝的.但組裝時沒考慮到須解讀馬雅文字,讓句子連貫,所以現在順序都亂了!

傷心!

殘念!

Escalinata de los Jeroglificos 象形文字階梯

超級有名

不容錯過的景點

科潘的第15位國王 K'ak' Yipyaj Chan K'awiil (又稱為 King smoke Shell 國王)造了一座有名的馬雅文字階梯,刻滿馬雅文字。
煙貝殼國王

48

號稱中美洲最美的球場 Juego de Pelota (ball court)
這座球場是 18-兔國王建造的。

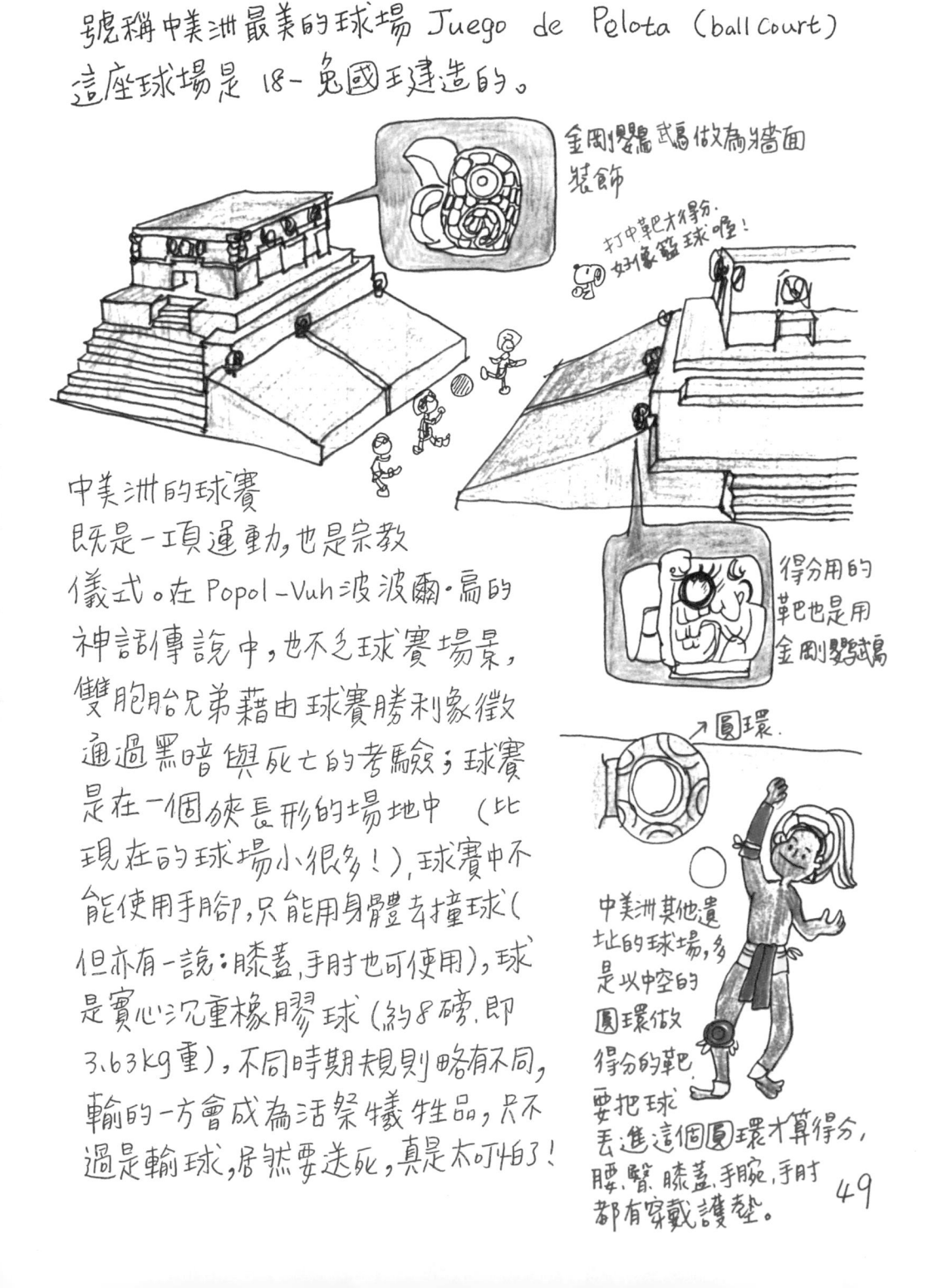

金剛鸚鵡圖做為牆面
裝飾

打中靶才得分.
好像籃球喔!

中美洲的球賽
既是一項運動,也是宗教
儀式。在 Popol-Vuh波波爾‧烏的
神話傳說中,也不乏球賽場景,
雙胞胎兄弟藉由球賽勝利象徵
通過黑暗與死亡的考驗;球賽
是在一個狹長形的場地中 (比
現在的球場小很多!),球賽中不
能使用手腳,只能用身體去撞球(
但亦有一說:膝蓋,手肘也可使用),球
是實心沉重橡膠球(約8磅,即
3.63kg重),不同時期規則略有不同,
輸的一方會成為活祭犧牲品,只不
過是輸球,居然要送死,真是太可怕了!

得分用的
靶也是用
金剛鸚鵡

→圓環.

中美洲其他遺
址的球場,多
是以中空的
圓環做
得分的靶,
要把球
丟進這個圓環才算得分,
腰,臀,膝蓋,手腕,手肘
都有穿戴護墊。

49

7月11日(四) 不想再看石頭

知那!古蹟已經泡濫到我以為自己被埋葬了!

你是口聲聲說自己熱愛馬雅古文明嗎?

歷經昨天一整天的遺址鐵腿之旅,及肚子明明很飢餓,但眼睛卻看太飽的博物館夢遊之旅之後,我只想大聲呼喊——請不要再給我任何馬雅文物或古蹟了!我暫時不想再看死掉的東西了,請給我活生生的人事物就好!

我記了!
暫時不想看古蹟的5個理由!

1° 已眼花　每一樣東西看起來都好像

2° 階梯高又陡　神廟　懼高症

3° 怕安無聲　靜的墓室　(有人活著嗎?)

4° 我怕黑　考古遺址神秘必遊道

5° 怕累、怕餓

結論:任何對馬雅文化有興趣的人,逛太多就沒興趣了。

科潘市中心廣場旁邊有個博物館Museo de Arqueologia Maya,但我已經不想再看任何石頭了,它居然開到晚上九點(這裡治安有這麼好嗎?)。旁邊的鎮公所有免費的Memories Frágiles考古照片展,我去看了,沒想到照片裡也全是石頭,我又再度看飽了,步行在我鵝卵石街道,去咖啡館看書。

其實我很喜歡這個小鎮，雖是因觀光而興起，卻不像安提瓜 Antigua 那樣商業化。這裡充滿了生活感，有雜貨店、農具店、電器行、修車行……，人們一大早就在傳統市場採買蔬菜，在廣場走動，傍晚時教堂前的街道會出現賣點心、刨冰的小販，排成一列的嘟嘟車司機見到我，總是笑著問我：「要搭車嗎？」我在這裡搭嘟嘟車、買東西，從來沒有因為我是旅客，就被多收錢。

早餐

pupusa 普普薩
LOROCO 口味！
Horchata 杏仁汁(肉桂味)

水果

→ 假蓮霧 jocote japones.
我以為是蓮霧，興沖沖買了
一大袋，但它像酸澀、沒水分的西洋梨，好難吃

→ 假龍眼 mamones，吃的時候要剝掉綠色外殼，果肉很少

午餐

Buena !!!
Baleada

泡菜
碎牛肉口味
baleada
PORT ROYAL EHPORT
宏都拉斯國產啤酒

Baleadas
Sencilla ………… 簡單的 12
Huevo ………… 蛋 18
Carne molida de res 碎牛肉 26
Pollo ………… 雞肉 26
Chorizo ……… 灌腸 26
Aguacate ……… 酪梨 26
Longaniza ……… 香腸 26
Jamón ………… 火腿 26
店裡還有其他玉米餅點心
Gringas ………… 大捲餅 40
Chimichagas ……… 40

Baleada 是典型的宏都拉斯食物。把一張大圓形玉米餅塗上豆泥，再放上乳酪或其他餡料，對摺加熱，乳酪牽絲與豆泥融合，美味！老實說，我實在搞不懂中美洲光是用玉米餅包的食物到底有多少種？捲起來的、不捲的、摺疊的、餃子形狀的……，我買了一個 gringas 當宵夜，也是捲餅，我無法辨別。51

7月12日(五) 重回瓜地馬拉

　　今天必須到邊境通關回瓜地馬拉,並且轉車前往Rio dulce (甜蜜的河),因為行程較多變數,所以我刻意早起,要搭第一班小巴士前往邊境,5:20的第一班小巴士就停在離一個旅館一個街區的地方,對帶著大背包的我而言較輕鬆。再晚的話就得去四個街區以外的地方搭車。

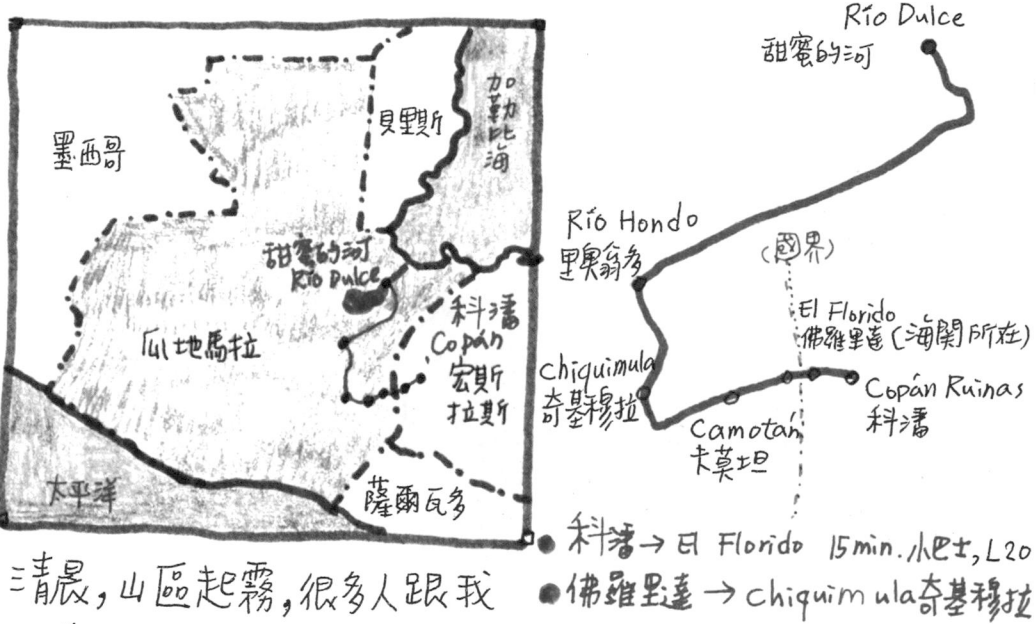

清晨,山區起霧,很多人跟我一樣,想在六點海關開門前去辦理通關。在海關前已有許多載著貨物的大卡車、聯結車在排隊等候通關,像一條五顏六色的長龍。

● 科潘 → El Florido 15 min. 小巴士, L20
● 佛羅里達 → chiquimula 奇基穆拉
　△ 中途會在Camotán換車,不過在El Florido海關外,也有Litegua 巴士公司的高級小巴士可以直達奇基穆拉而不用換車,但我搭到普通小巴士 1hr, Q25
● 奇基穆拉 → 甜蜜的河. 4hr. 高級大巴士(Litegua公司), Q55

52

海關六點準時開張，我以為只要把週一通關程序倒著走一次，先去宏都拉斯海關辦出境，再去瓜地馬拉海關辦入境。但是，當人把事情想得很簡單的時候，上天總會賜一個麻煩來考驗你。

53

自從許多年前在烏茲別克、吉爾吉斯邊境通關受困之後，我就很謹慎地在通關時注意護照上的簽證日期、出入境章等。但週一從瓜地馬拉出境前往 Copán 科潘時，我因為在租車上認識的林先生談話，而沒有認真檢查，當時也有發現好像沒有出境章，但以為蓋在別頁而懶得找！沒想到竟惹出這個麻煩，是上天要我不要太放鬆吧！還好我應是一臉又窮又無辜的樣子，主管很爽快地說不必罰款，迅速幫我補了章，並且要我萬事小心，下次不要再發生類似的事情了，因為有時是不好解決的，我祝主管及海關人員有個美好的一天！哈哈 ¡Que tengas un buen día! 可能是我發音不標準，感覺主管豎起耳朵認真聽，聽懂了就笑了，然後很幽默地跟我說：「我其實會講英文......！」

明明會講英文！還不說！

他沒有說他不會啊！根本你自己幻想腦補......

你知道嗎？我簡直用盡我會的西文單字！

※ 事後看日本旅行書 地球の歩き方，發現常發生出入境章被省略的一事

辛苦你了！你省了Q.200的罰款

開心地走出海關，海關門口有幾個人拿著厚厚一疊鈔票在那兒等人兌換外幣。因為上次林先生說過，在海關這兒，通常不至於猖狂到拿假鈔騙人，且我身上剩的宏都拉斯倫皮拉非常少，就算被騙，也只是零錢......，否則我是不敢在馬路上公然換鈔票的，換完鈔票，他問我有無台幣，他想收集......，但我沒有。

54

不過，兩國海關裡都有荷槍實彈的警察，這應該是很安全的地方，所以這些人才敢光天化日之下這樣大膽地拿著超厚一疊鈔票走來走去，這裡沒有提款機，也沒有外幣兌換窗口，只

（不誇張，他手裡有好大一個疊鈔票！）

要換多少？

呃！我只要換121倫皮拉而已，

區區小錢，我還藏得十分隱密哩！

能靠這些鈔票人了！這告訴我，任何你想不到辦法的地方，都會有辦法的！正如我正在煩惱到哪兒找車子坐時，海關旁就停了一台前往 chiquimula 奇基穆拉的小巴士，巴士小弟很迅速地幫我把行李固定在車頂，迅速招攬我上車，車子起初很空，後來小巴士塞進超過二十人，還好我非常有經驗地一開始就選擇右側離車門最近的單人座位，因此不致於被擠到！當車內

居然把窗戶打開，手直接勾住窗框雙腳卻撐住車門就這樣掛在車邊，簡直像表演特技！驚。

很擠時，巴士小弟自然沒有位子坐，他像表演特技一般掛在車門口，簡直讓人吃驚。但我沒有時間擔心別人，我只擔心等一下到了 chiquimula 奇基穆拉，

萬一只有 chicken bus 可以坐就完了，到 Rio dulce 要坐長途車，好幾個鐘頭的路途，我只求有高級 55

巴士可以坐,如果只有 chicken bus 的狹小座位,加上它是路邊隨招隨停,折騰下來,不知何時才到得了 Rio dulce 甜蜜的河 ?也恐怕會弄得灰頭土臉,不成人形!不是我不能吃苦,而是～,誰想自討苦吃啊? 求上天賜給我一輛高級巴士。

✿有關 chicken bus 的紀錄片:La camioneta

Chicken bus 小檔案 (野雞巴士)

本地人稱為 Camioneta,前身其實是美國中小學學校校車,使用一定年限被淘汰後,經拍賣流入中美洲國家做為公車使用。通常會裝飾得異常花俏,但由於是美國中小學校車,所以座位十分狹小,膝蓋直接抵住前座,且明明每排座位只能坐兩人,卻常擠進三人,坐短程尚可忍受,但坐長程會覺得痛苦。

56

chicken bus 最讓人擔心的是安全問題,因為擁擠,易讓扒手有機可乘,且因為是隨招隨停,且車上收現金,可能有搶匪喬裝成乘客,上車持槍搶劫,我看過聽過無數個 chicken bus 司機被轟掉腦袋的新聞版本,所以搭 chicken bus 會讓我緊張到不敢打瞌睡。

人家想搭高級巴士!

你已經化變成公主了!

還好到了 chiquimula 奇基穆拉時,在 terminal (西文:車站)居然有 Litegua 這間還算不錯的巴士公司,且半小時後發車,我趁著空檔去吃傳統早餐,並上了廁所。上車前照例要檢查行李,雖然車子沒有上次搭的 Hedman Alas 公司的巴士新,但至少是直達車,我大膽地拿出 ipad 看影片,然後呼呼大睡,直到車子行駛到長長的,跨越 Rio Dulce 甜蜜的河的大橋,我知
（河）（甜蜜的）
道目的地到了。

一下車,我先去吃美味午餐,再去街上的 Fuente del Norte 巴士公司詢問下週前往 Flores 弗洛雷斯的高級巴士班次。

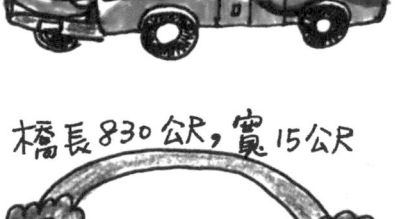

橋長 830 公尺,寬 15 公尺

Puente de Rio Dulce
大橋   河   甜蜜的

午餐: Caldo de Pata Q.25
        湯   豬蹄

玉米餅片

豬蹄湯

米飯

果汁

會看菜單真幸福!

玉米   樹薯   檸檬

南瓜

因為要前往的旅館必須坐船才能到，我先上超市買些東西帶過去。

玉米點心零食
Q7.65

炸豬皮chicharron
還是我最喜歡的牌子
（原味）Q8.15

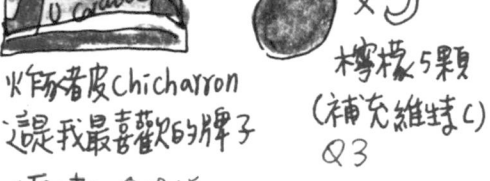

香蕉5根
Q5

×5

檸檬5顆
（補充維特C）
Q3

智利紅酒一瓶
Q58.6

嗚
你居然忘了
買水！

買完食物，依照指示請旅館派船來接我，這間旅館一定得搭船才能到，旅館的船很快就到了，在河上疾駛而去，先是看到剛剛巴士所走過的那座長而壯觀的橋，然後水面漸漸開展，兩側沙洲叢林點綴著民房，不知我即將前往的，是怎樣的桃花源？

由橋下右側（面對橋）向南走的石碼頭，
請售票亭幫忙打電話，請旅館派 LANCHA（西文:船）來接。

58

7月13日(六) 水彩寫生練習

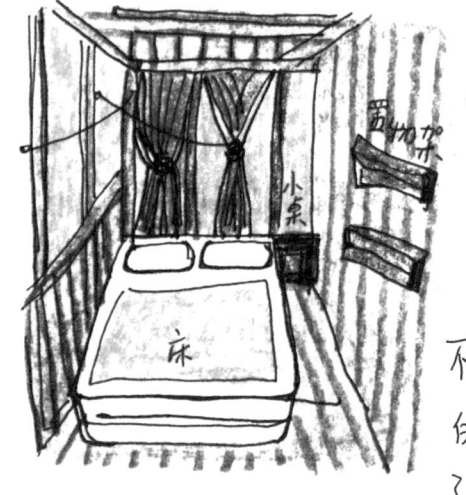

是袋鼠!

是老鼠嗎?

Hotel Kangaroo 袋鼠旅館

- 是依傍水邊，高架而起的木造建築，每一處客房，餐廳等設施皆有木棧道相連，房間為簡單木造裝潢，窗大，有紗窗，但沒玻璃（不過這裡很安全，應該不用擔心有人打破紗窗入侵！）

- 雙房公用衛浴-晚Q184
- check in 及 check out 与船隻接駁免費

- 附設餐廳酒食偏貴，因為所有物資須靠船隻運送。

- 茅草覆頂且建築通風，四週都是樹林，夜晚有涼意，白晝有風，雖無冷氣，僅有風扇，但足夠了。

- 不管哪一個角落，景色都很美，客房可選擇面湖或面對樹林，我喜歡隱蔽不被看見，故選了面向樹林，且是走道最末的邊間 No.2，屋子很通透，覺得整晚都睡在森林裡。

圖 No.70 房

小桌

床

- - - - - - - - - -

旅館員工今早拿地圖為我介紹了許多景點，但白天坐沒有棚子的船，我覺得好熱，我完全不想離開這裡，我在傍著湖的座位上讀了一天的書，並畫了兩三張水彩，沒有景點真好！59

19

7月14日（日）袋鼠旅館速寫

因為沒有要出門參觀任何
景點，所以旅館就是
我的景點，今天
早上泡在大廳
和員工閒聊
並畫大廳。

62

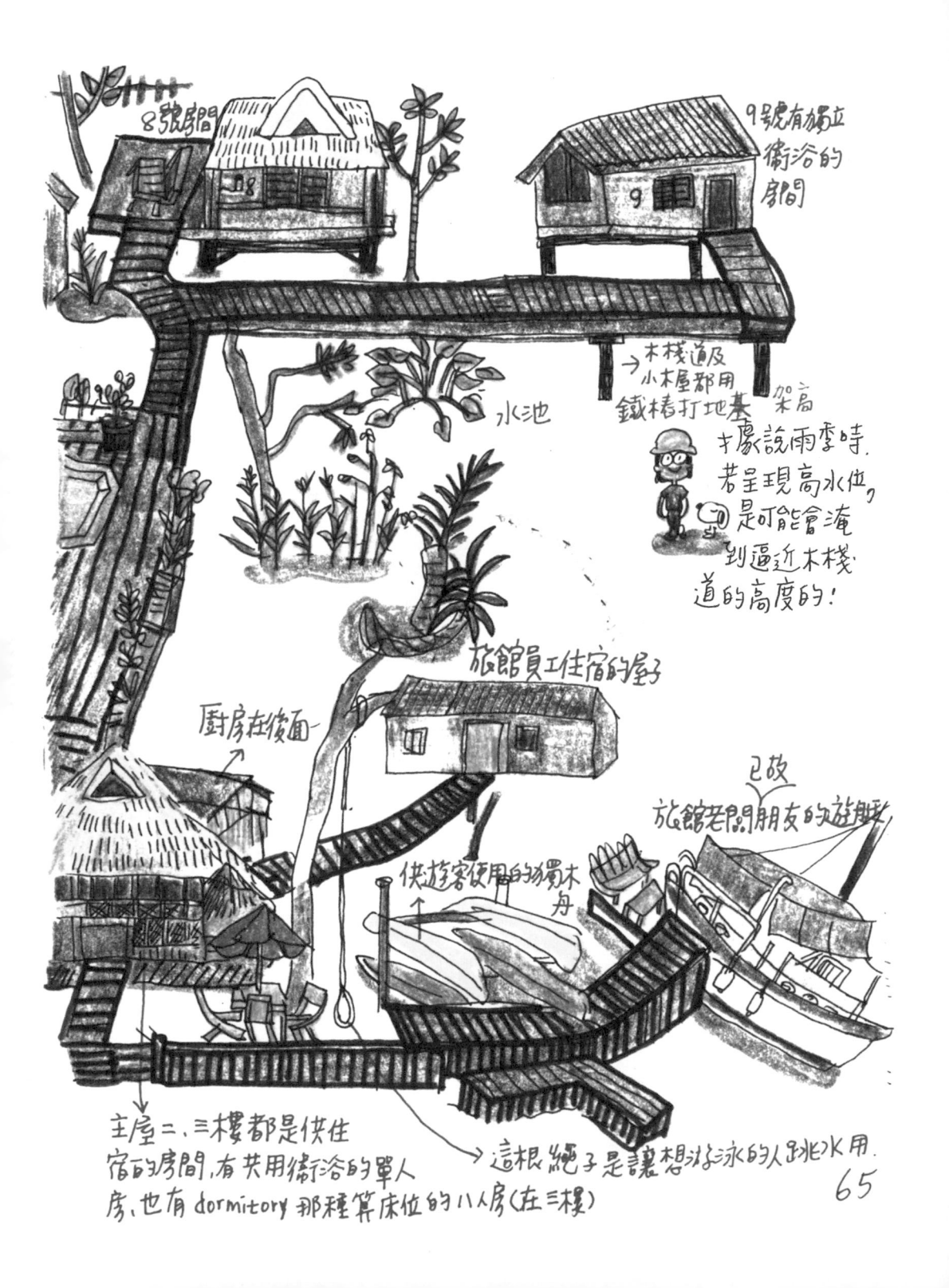

8號房間

9號有獨立衛浴的房間

水池

→木棧道及小木屋都用鐵樁打地基 架高

卡豪說雨季時, 若呈現高水位, 是可能會淹到逼近木棧道的高度的!

旅館員工住宿的屋子

廚房在後面

已故 旅館老闆朋友的遊艇

供遊客使用的獨木舟

主屋二、三樓都是供住宿的房間, 有共用衛浴的單人房, 也有 dormitory 那種算床位的八人房(在三樓)

→這根繩子是讓想游泳的人跳水用.

65

1. 小狗 → Rex　因為很胖,被我朝笑說下水游泳時很像穿了一件夾克! 1.5 歲大狗
2. Balam → ~~澳洲的~~ → 居然故意把Balam這個人畫成狗! 還
3. Josue　為什麼他幫忙寫字還要加上幼稚的圖啊?
4. Graciela
5. 小狗 chiquita

在大廳閒聊,員工 Josue 幫我寫下在場的人的名字及兩隻旅館養的店狗的狗名。這間旅館是由一位澳洲大叔和他的墨西哥太太經營的,房子由對于蓋子很有經驗的澳洲大叔包辦,他們找了外甥 Josue 來幫忙(其實我從頭到尾都搞不清楚這群人的關係……),因為澳洲大叔來自澳洲,所以旅館才會取名為 Kangaroo袋鼠。這裡的老闆、老闆娘,加上員工(廚師、管櫃台.開船跑腿的……),應該有七個人吧!比住客還多,有時我甚至以為自己闖入了他們的家庭生活,他們在廚房閒聊,下午時會在前廊談笑聽很熱鬧的音樂。來這兒住房的客人,這兩天根據我觀察,都僅住1日就離開,所以像我這樣住三天的人,就可能跟員工混熟了。因為有時間觀察這間旅館,才會覺得經營這間旅館是件不容易的事。旅館本身是手工打造的木結構，像極了十分耐看的工藝品，但在炎熱潮濕的環境下，耗損也很快，故需要時時修繕維護，而物資的補給也仰賴船運。交涉訂房的手續我都是和 Josue 聯絡，他來自墨西哥，主修傳播 communication，來這兒幫親戚的忙，也喜歡這兒安靜的生活，我問他難道中美洲加勒比海夏季活躍的颶風 hurricane 不會影響這裡？

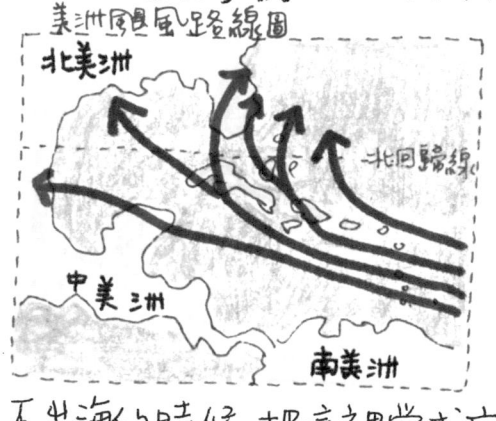

美洲颶風路線圖
北美洲
北回歸線
中美洲
南美洲

他說：「不會，這裡很安全，你看湖邊停了大大小小的帆船就知道，很多帆船都在不出海的時候，把這裡當成庇護所，因為風平浪靜」。

gecko 蜥蜴

在這裡可以常常看到蜥蜴、白鷺…等動物在身邊出沒，只要在這樣的生活環境待上一晚，體會了大自然帶給你的平靜，會質疑自己在台北究竟在過怎樣的生活？為什麼讓自己擠成那樣？

這間旅館全名是 Hotel Kangaroo & Restaurante Las Mexicanas
墨西哥餐廳
我今天點了墨西哥菜來吃！
Pollo de Pasilla
雞肉
Pasilla 辣椒是不辣的
煮豆子
淋上 Pasilla 醬汁的雞腿
米飯

67

7月15日(一) 甜蜜的河順流而下

因為昨天畫旅館的餐廳，Josue 把我的畫拿給
Balam 看，Balam 正苦惱著如何畫(寫)餐廳的甜點菜
單，他問我可否給點意見，之後就問我可否幫他寫？
於是我以 Peiyu 的幼稚風格為旅館畫了甜點菜單。

1° Vanilla flan ♥ 🍰 Q

2° Peach Flambe 🍑 Q

3° Lemon Pie 🥧 Q

4° Ice cream 🍨 Q

5° Chocolate Brownie 🍫 Q

Sweet!
甜蜜
你
的
心

Buen
Provecho

吃了美味的墨西哥早餐

Burrito
墨西哥捲
餅

豆泥

結算了這三天的花費，住宿每日
184 × 3天 + 早餐和午餐 + 買了三
瓶水 = Q 751
我在瓜地馬拉很少吃
晚餐

旅館員工送我到 Rio Dulce 市中心碼頭，原本我打算在 Rio
Dulce 市中心住個兩天，坐 mini bus 去玩兩個景點再前往
livingston 李文斯頓，但 Rio Dulce 市中心是一個非常混亂
的地方，人車喧嘩，我連看兩間旅館都不滿意。頂著大
太陽，正心煩意亂時，碼頭有人問我要不要去 livingston

李文斯頓，船下午2點半開，我估算著就算抵達也尚未天黑，心想不如就順水推舟吧！我在碼頭餐廳喝著冰涼的啤酒，用餐廳的網路上網搜尋旅館，旁邊剛好坐了一位導遊，給了我一些建議。我把行李寄放在餐廳，上街領錢，跑了巴士站，超市及三個銀行，三台提款機全都斷線，雖然我身上的現金應該足夠我在 livingston 李文斯頓過個幾天，但是多備些現金才能讓我有安全感。幸運的是，在街上遇見那個即將載我前往 Livingston 李文斯頓的船家，他告訴我別擔心，在 livingston 也有提款機，我聽了稍微放心，於是上市場買了水和香蕉，桃子。

要注意

搭船由 Rio Dulce 甜蜜的河順流而下守則

因為不知要買什麼？

6根香蕉, 3個桃子 Q16

你又買香蕉了! 你最不喜歡香蕉!

Q125, 約 2~2.5 小時

1° 一定要戴帽子，因為縱使船有棚子遮陽，但因為角度問題，可能曬傷，且萬一頭上有烏雲，就會下那種打在臉上會痛的雨。

用帆布覆蓋全身，

完全看不見風景!

帆布

2° 儘量坐最後一排的中間，因為船會濺起水花，愈前面水花愈大，不過船主會發藍色帆布讓乘客擋雨及擋水花。

69

沿著 Lake Izabal 伊薩貝爾湖及 Rio dulce 甜蜜的河
及加勒比海週邊，有許多景點。袋鼠旅館的員工曾經
熱心地介紹，並展示他們去遊玩的照片。

1° Finca el paraiso : 據說附近有個瀑布垂直而下
　　　注入河流，可以來這裡享受野溪溫泉。

2° El Boquerón : 據說在森林中
　　　有大峽谷，且可乘船到一處
　　　小沙灘游泳或攀岩。

3° Castillo de San Felipe : （土成堡）

（加勒比海 有海盜）建於1652年，因為海
盜橫行，掠奪村莊
與商船，這座城堡要塞
發揮了防禦功能，海盜
漸漸消聲匿跡，後來此
地被當成監獄使用，現在
則是一片廢墟！

El Boquerón

El Estoro　　　Finca el paraiso

Lake Izabal
伊薩巴爾湖

從 Rio Dulce

不過以上三個景點我都沒玩，就搭上開往 Livingston
李文斯頓的船，這段 2.5 小時的航程是非常值得
的，沿途的人造物很少，盡是天然風光，船家還會
70　　偶爾停在某處讓我們看紅樹林、以及沙洲

Belize
貝里斯

加勒比海

白色沙灘
playa Blanka Siete Altares

Punta
de
Manabique
馬那比凱岬

李文斯頓
Livingston

Bahia de Amatique
阿瑪蒂克灣

這個突出的海岬
為阿瑪蒂克灣
擋住風浪

甜蜜的河
Rio Dulce

o Hotel kangaroo 袋鼠旅館
Castillo de San Felipe
聖菲力普城堡

巴里奧斯港
Puerto Barrios

島上停滿水鳥的樹叢，還可
看到鳥窩，成鳥是白色的，幼雛
則是黑色。可能因為河流兩側
多為保護區，故維持天然原始林，少有人煙，若有
人家，也多屬木造式高腳屋 Bungalow
還可看到一大片睡蓮，見到
我們的船隻接近，有
個女孩划著一葉小舟
接近，向我們兜售一
些當地的手工藝品。

太陽能板

71

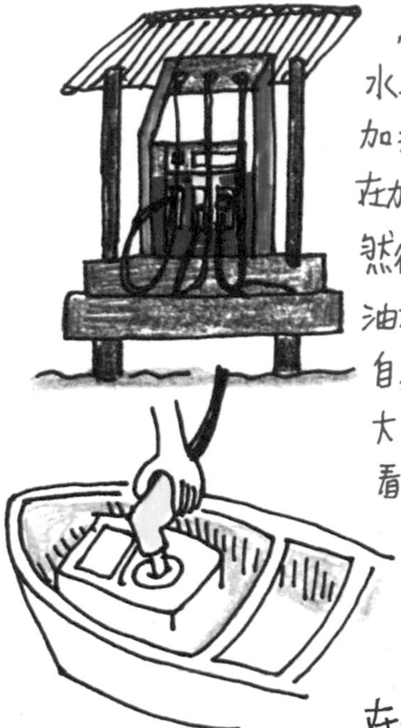

為船隻加油的水上加油站，加油方式是：船在加油站靠岸，然後船主接過油槍，將油注入自家船隻的一個大塑膠桶（真是看起來好隨便的油箱啊！）

在 Livingston 李文斯頓找旅館的過程不是很順利，我原本看好的那間旅館倒閉了，而某導遊介紹的背包客棧 Hotel La Casa Rosada，我不喜歡，它仿造木屋 Bungalow 的虛假風格，且充滿外國人和英文標示，實在很不瓜地馬拉！我覺得自己已遠離那個和背包客打屁聊天的年紀了！

找到一間 Casa Nostra，但只有今晚有空房。老闆主動降價讓我先住一晚，並指點我去找本地另一間 超平價又乾淨的旅館 Hotel El Viajero 他怕我誤入歧途，找到不乾淨的旅館還幫我在地圖上把不乾淨的旅館都打叉。為了感謝 Casa Nostra 的美國老闆，我把省下的房錢貢獻在他經營的餐廳。

今晚住 ● Casa Nostra：双人房一晚 Q250. 新.乾淨. 共用衛浴 wifi

沒住 ● Hotel La Casa Rosada：双人房一晚 Q200, wifi, 共用衛浴（但房間不怎麼樣）

明天住 ● Hotel El Viajero：双人房一晚 Q50, 附衛浴. 無 wifi, 對外窗皆面對走道. 但若拉窗簾, 晚上極悶熱, 有視野極佳的碼頭餐廳, 安全!

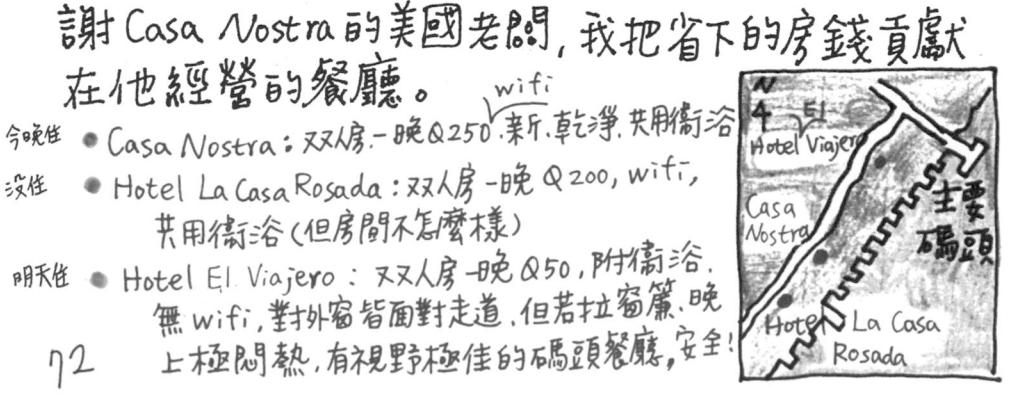

72

7月16日(二) 優游加勒比海

我一大早就退了房,把行李拉到一百多公尺外的 Hotel El Viajero 旅館。在旅館碼頭餐廳小坐,喝了一杯咖啡,寫了一點日記,這是一間供本地人住宿的廉價旅館,同時也是本地接駁船隻的停靠點之一,人來人往,十分忙碌。十分奇特地,住了三位法國老婆婆。其中兩人是姊妹,另一人則是她們的好友,相約出來旅行,據說已經當了45年的背包客,她們吃著自己準備的麥面包水果健康早餐,並告訴我早上六點左右,夜間捕魚的漁船會在碼頭卸貨,記得早起去看;還有,不要錯過旅館老闆娘的獨家料理;老闆娘曾在美國工作,所以通英文……,真是打從心裡喜歡這種接地氣的旅館。

吃完早餐,我去遊客中心買票參加 Los siete altares 瀑布和 Playa Blanca 白色沙灘行程。

又是醮!

船票100元

BOLETO
Nº 016339
ASOTRANSLALI

SERVICIO DE LANCHA
E-mail: asotranslali@yahoo.es
Salimos todos los días a Rio Dulce, 7 Altares, Playa Blanca,
Punta Gorda y Cayos de Belice.

Destino: Playa Blanca
No. de personas: Valor Pasaje: Q. 100
Fecha: 16 JUL. 2019   9:36
Oficina Muelle Municipal de Livingston, Izabal - Tel.: 7947 0870

AGOS. 2017 DEL 14.001 AL 17.000

票價:Q100(附午餐,一個三明治,一瓶水和一根香蕉)

行程:9:30出發,10:10抵達瀑布,停1小時。11:30抵達白色沙灘,停2.5小時游泳(門票Q20)。*最好早上出發,因為下午很熱。

73

Los siete altares 瀑布
數字"七"之意　"祭壇"之意

*建議: 鞋子最好防水,好走!

之所以取名為『七個祭壇』,應該是河流流經落差大的地形,傾瀉而下,長久的河蝕作用.在河床上切鑿出數個如階梯般的平台,我沒有認真去數平台是否剛好是七個? 溯源而上須涉水並小心長滿青苔的石頭打滑,當地人在易打滑處架了扶手、繩索.或用斧頭在地面鑿出刻痕增加摩擦力.四周全是天然林,伴隨潺潺流水聲,倍感清涼;近碼頭處有一小屋,展示本地 Garifuna 加里富納族的文化.

Playa Blanca 白色沙灘
沙灘　　白色

*建議:要帶泳衣,注意防曬.

是一處乾淨潔白的海灘,椰影婆娑,但門口的告示牌標示了一點:不要帶槍!來海灘為什麼要帶槍?在瓜地馬拉,我常看到不要帶槍的標示,大家到底多愛帶槍???

禁止放音樂 吵鬧

禁止帶槍　　禁止脫泳衣裸泳

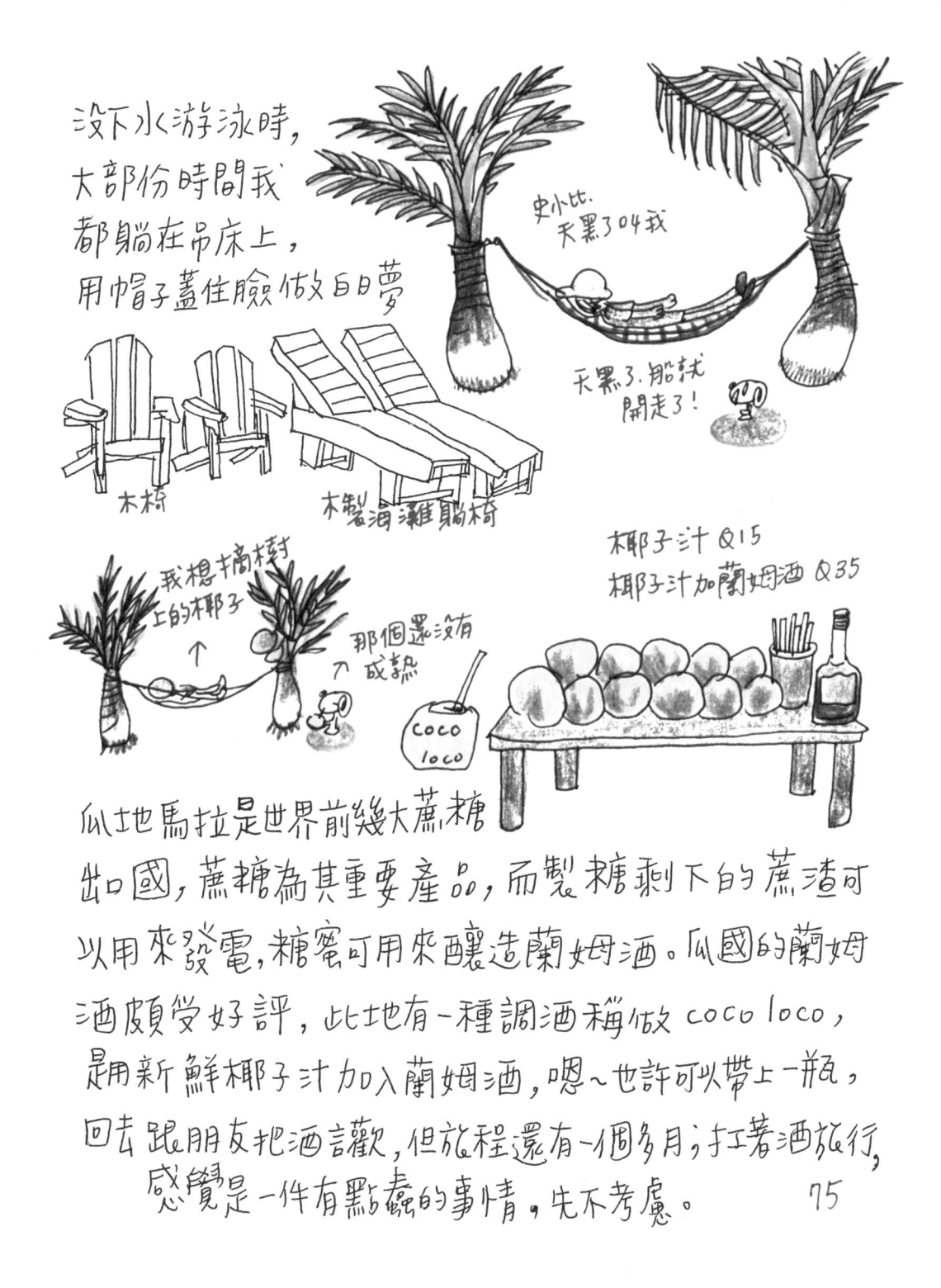

沒下水游泳時，
大部份時間我
都躺在吊床上，
用帽子蓋住臉做白日夢

史小比.
天黑了叫我

天黑了.船就
開走了!

木椅

木製海灘躺椅

我想摘樹
上的椰子

那個還沒有
成熟

coco loco

椰子汁 Q15
椰子汁加蘭姆酒 Q35

瓜地馬拉是世界前幾大蔗糖
出口國，蔗糖為其重要產品，而製糖剩下的蔗渣可
以用來發電，糖蜜可用來釀造蘭姆酒。瓜國的蘭姆
酒頗受好評，此地有一種調酒稱做 coco loco，
是用新鮮椰子汁加入蘭姆酒，嗯～也許可以帶上一瓶，
回去跟朋友把酒言歡，但旅程還有一個多月，扛著酒旅行，
　　感覺是一件有點蠢的事情。先不考慮。　　75

7月17日 (三) 加里富納黑人文化

要不是有寫旅行日記,恐怕我連今天是幾月幾日都不知道
? 我今天懶了一整天,坐在碼頭看人、看船、看海、看鳥、
看天空......,就是没看手機,因為這間旅館没有wifi。

SERVICIO DE LANCHA   BOAT SERVICE
DE LIVINGSTONE A   Pto. BARRIOS

LUNES A SABADO   RIO DULCE (TOUR INCLUIdo
SERVICIO COLECTIVO   UNA VIA Q125 POR PERSONA
Q35. POR PERSONA   DOBLE VIA Q.180 POR PERSONA

     5:30 AM   9:30AM
     6:30 AM   2:30PM
     7:30 AM   7 ALTARES Y PLAYA BLANCA
     9:00 AM   Q100 POR PERSONA
     11:00 AM
     2:06 PM   9:30AM
     4:45 PM
DOMINGO

     5:30 AM
     6:30 AM
     7:30 AM   船班時刻表

● 往 Puerto Barrios 巴里東港
  每人Q35、週一～週六 5:30AM
            6:30AM 7:30AM 9:00AM
            11:00AM 2:00PM 4:45PM
         週日 5:30AM 6:30AM
               7:30AM

● 往 RIO DULCE 甜蜜的河
  單程每人Q125、來回每人Q180、
  9:30AM   2:30 PM

● 往 7 ALTARES 瀑布及 PLAYA BLANCA
  白色沙灘. 每人Q100, 9:30AM

Livingston位居河口,面對大海. 一側為 Rio Dulce 甜蜜的河
後側則被一大片蓊鬱自然保護區的森林環繞,
使得此地宛如「飛地」,與瓜地馬拉其他地區
無道路相通,往來非靠船隻不可。從這裡還可以
搭船到鄰國Belize(貝里斯)和 Honduras (宏都拉斯)。

這個宛若與世隔絕的小地方,
倒是給我一種「我不是在瓜地
馬拉吧!」的感覺;旅遊多國
的朋友告訴我.他覺得中美洲
各國看起來都差不多,語言

相通，料理也大同小異。上週我到宏都拉斯時，也有種彷彿不曾離開過瓜地馬拉的感覺......。在前哥倫布時期(Pre-Columbian)，中美洲這塊土地散布著大小不同的城邦，不同的族群還徙、衝突、融合，文化界線難以準確劃分。在西班牙殖民時期，瓜地馬拉、薩爾瓦多、宏都拉斯、尼加拉瓜和哥斯大黎加皆屬瓜地馬拉總督轄區治理，還曾在獨立之後的 1823-1838年一起短暫地組成「中美洲共和國聯邦 Federal Republic of Central America」，從歷史，可看出中美洲國家淵源之深。

第一次知道 Garifuna (加里富納) 這支族群，是西語老師告訴我的，老師為了讓我學得有興趣，把許多文化主題融入教材，她教的不只是語言而已，還激發我的學習動機。我的西語筆記中有這麼一段關於瓜國的語言介紹：

Lenguas (languages) 語言有25種
- 1 : español　＊西班牙語
- 22 lenguas de orige Maya ＊有22種馬雅語
- 1 lengua garifuna (African) ＊近加勒比海的加里富納語源自非洲，當地主要為黑人文化區
- 1 lengua Xinca
  ＊和馬牙語無關的Xinca語

因為學西文，重新回鍋當學生的我，從老師的角色中脫離，有了「換位思考」的機會，去思考平日站在講台上的我，為什麼老是讓學生熟睡。哈！

Peiyu，因為你都講自己的，不管她們懂不懂！

77

Garifuna 族 小檔案
加里富納

分布於瓜地馬拉、宏都拉斯、尼加拉瓜、貝里斯靠加勒比海地區，根源自小安地列斯聖文森島。

當時西方殖民國在加勒比海大舉發展甘蔗等熱帶栽培業，缺乏勞工，由非洲引進黑奴，有一艘船在聖文森失事，遭遇海難倖存的黑奴與當地原住民混血，英國卻控制聖文森島而多次激烈衝突，戰敗的 Garifuna 人遭放逐，落腳於宏都拉斯的小島，爾後散布至加勒比海海岸地區，在瓜地馬拉，Garifuna 主要分布於 livingston。（李文斯頓）

Garifuna 語言 小檔案
加里富納

語言的重要性在於它是一種可以顯現族群、國家、歷史的形式，且語言存焉，代表民族精神不死，能為民族找到定位。Garifuna 語源自小安地列斯群島中的聖文森島，論年代，約六世紀前（甚或更多），它是多種語言混合的結果：45% Arawak 語、25% kallinagu 語、5% 法語、10% 英語，此語言最大特色是詞彙的性別區分，有些詞彙表達形式只給女性使用，有些只給男性使用。

Garifuna 族的宇宙觀 小檔案
加里富納

是泛靈信仰

認為自然應保持和諧，人是宇宙的創造物，與其他生物平等，人與其他自然生物應維持平衡關係，互相尊重，不可互相侵犯。

Garifuna加里富納語言、舞蹈及音樂 2008年被聯合國教科文組織 UNESCO 列為人類非物質文化遺產，常見的伴奏樂器有鼓、沙鈴等。
garaon　malaka

這個 Garifuna祭壇是混搭風.有貝殼.龜殼.用的像相片……看守祭壇的老人告訴我這些全部都是神.

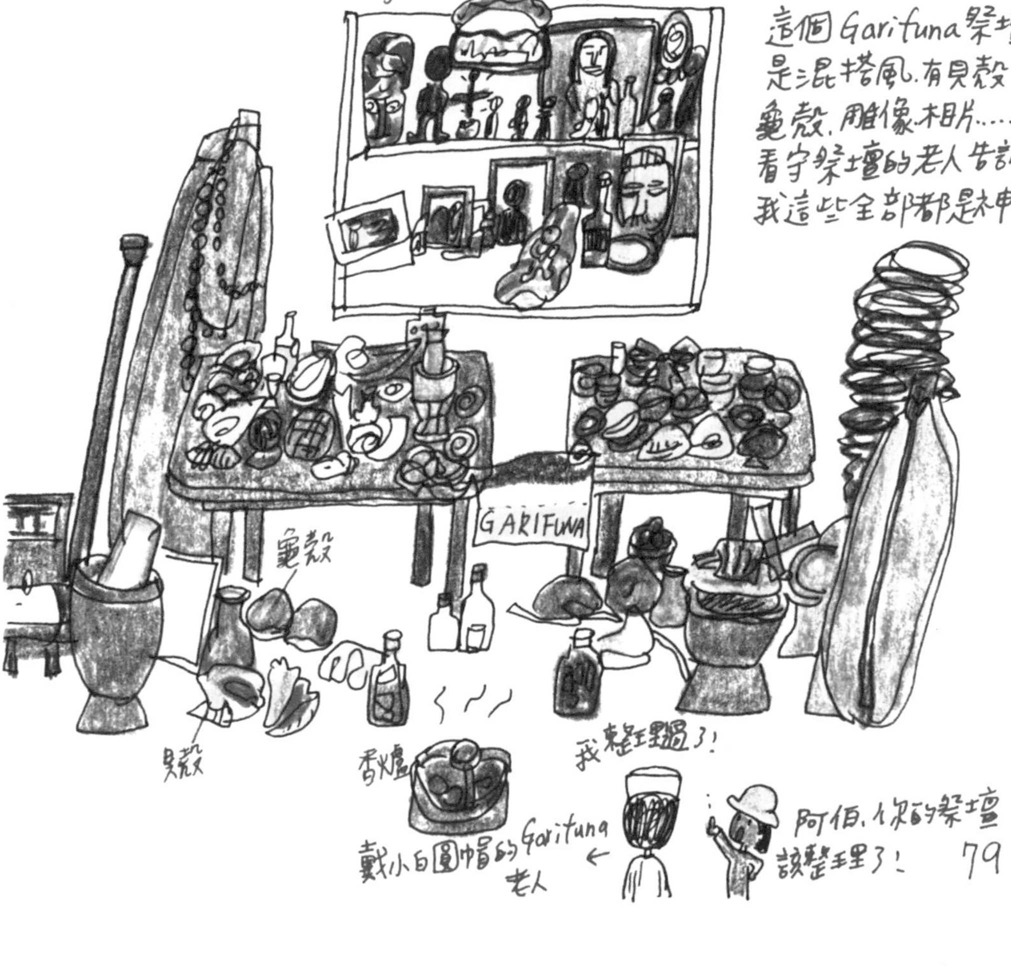

GARIFUNA

龜殼

貝殼

香爐

我找到過了!

戴小白圓帽的Garifuna老人

阿伯,你的祭壇該整理了!

79

7月18日（四）漁人碼頭發呆日

自從 wifi 開始普及於生活中，我們不知不覺地被它控制了，只要一有空，就專注於手上的小小螢幕，而無視眼前的世界。這大概是這幾年來，我和背包客交流最深度的一次了，住在這間旅館的三位法國婆婆，是非常有趣的人，旅行資歷也很豐富，因為這間旅館沒有wifi，我們最常做的事就是在碼頭座位各據一方，兩位法國婆婆看書、閒聊，另一位則打開畫具，在一本開本很大的水彩本上畫水彩。她也有一盒很小的攜帶便利的水彩盒，一個硬紙盒裝了很好的軟毛水彩筆，一個小水罐，她說手上這本有皮製封面的水彩本是她的另一個姊妹親手為她打造的，畫大張水彩看起來好暢快，我以後也要帶大本的！一直畫小張的顯得小裡小氣的，她又回房取出另一本和我的手記開本

我以後要帶大本的！

大本的很重喔！

一致的旅行繪本，和我分享她的旅行見聞，我在這三位婆婆身上，看到了自己未來想成為的樣子，她們自在、從容、閱歷豐富而充滿內涵。

80

對照強調「凍齡」、動不動就用「崩壞」來貶損女性
隨年齡增長而產生的皮相變化的台灣社會,這位
滿頭銀髮、赤著腳作畫的法國婆婆 優雅美麗的
背影 才是值得我們欣賞,有歲月催化的氣質。 81

我坐在旅館碼頭塗塗寫寫,出入的人雖多,但很安全,老闆娘坐鎮廚房照看動靜。阿嬤總會在驟雨突襲時,迅速幫我收好

悠哉!

我深深覺得台灣很難可能賺得比這個人多,但沒有他好命

晾在庭院的衣服,並稱讚我的無印良品旅行晒衣架很厲害。我坐上好幾個小時看海鳥捕魚、看下了船的漁夫在吊床打盹......,老闆娘煮了一手好咖啡,她用的不是什麼厲害的豆子,她用的是心,我也領受了她絕佳的廚藝,享受了全世界最美味的雞湯和Tabado。

馬鈴薯 Q.25
洋蔥
雞腿
Sopa de pollo
雞肉蔬菜湯,超級療癒

裹粉油炸的兩大隻
芫荽香料葉
無數的蝦
大螃蟹吸滿蟹黃
無數小花枝
無數貝類
底層還鋪了香蕉!
Topado Q90

老闆娘用料真大氣
才不分給你們吃呢!
桌下有貓,牠也想吃,拼命抓我的褲子半小時

Tapado 是本地特色料理,是一道燉煮入味像濃湯般的海鮮料理,內容有:魚、蝦、螃蟹、螺貝類、花枝......等,融合了咖哩與椰漿,並以芫荽等香料增添風味,是節慶料理,以前會在2月26日 Garifuna 日食用,現在平日在餐廳也可吃到,但價格略高。

7月19日(五) 李文斯頓的日常

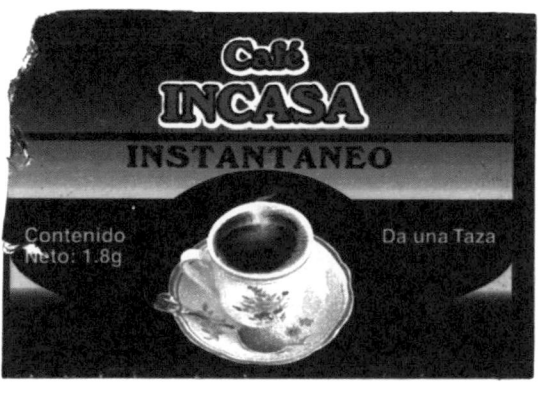

外面的早餐店用即溶咖啡包,實在太不合格了,因為瓜地馬拉畢竟是以盛產咖啡聞名的國家,不過,這個小鎮什麼都得仰賴船運,好吧!只好原諒它了。

(李文斯頓)
Livingston 屬於瓜地馬拉低地區,天氣熱得超出我的想像,我一天得沖三次澡,原則上我會把戶外活動安排在上午進行,中午沖個澡,再洗衣服,午后陽光約莫四個小時就會把衣服晒乾,有時下午會迎來午後雷陣雨,但旅館阿嬤會幫我收衣服,深深覺得每個旅館只要有個阿嬤坐鎮,就會讓人很放心,半夜幾乎都會有如颱風過境般驚人的暴雨,但只要下了雨就會降溫,至少可以好睡些。為了適應瓜地馬拉不同地形區的氣候,這次旅行,我把不同季節的衣物都帶上了,希望能儘快前往高地區,這裡太熱了。

我沒打算買什麼,為了消磨時間,我在街上晃來晃去,觀察這裡的人在賣什麼東西?這裡是黑人文化區,且靠近熱帶海洋,有很多東西是我之前在瓜地馬拉高地區念西語時沒看過的,覺得頗新鮮。

83

街上會有人拿彩色相片當髮型樣本,問你要不要編黑人辛辮子頭?我覺得他們編辛辮子的功力實在太強大,但我很疑惑這種髮型該如何洗頭?如何快速復原狀?

街上商店販售 Garifuna 加里富納族的樂器。

鼓
garaon
沙鈴 malaya
龜殼

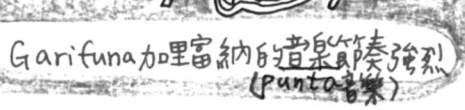

Garifuna 加里富納的造樂節奏強烈 (punta 音樂)

VENTA DE ACEITE DE 油
* COCO 椰子
* TIBURON 鯊魚

簡陋小玻璃瓶

不管在賣什麼不相干的東西的店家,都會販售椰子油和鯊魚油。

鯊魚應該都被殺光了吧!

看情況,有可能喔!

Güifiti 藥酒

成份:
Palo de hombre
Laurel
Pimienta
Gorda
Anis.....等

這款藥酒是將藥草以椰子釀造的蘭姆酒加以浸泡,具有療效(?)有些店家會販售尚未填充蘭姆酒的藥草版,買回家後,只要注入透明無色的蒸餾酒,浸泡三天即可,我買了一瓶回去,打算和 Lily 一起試試看。

要買椰子嗎?

味未

到處有人一手握著長刀,一手拎著一串椰子,衝到你面前問你要不要買椰子?

Helado de mania 花生冰棒

在瓜地馬拉其他地方也有賣,是自家做的,用小杯子裝果汁等,放進一根小棍子,再放入冷凍庫

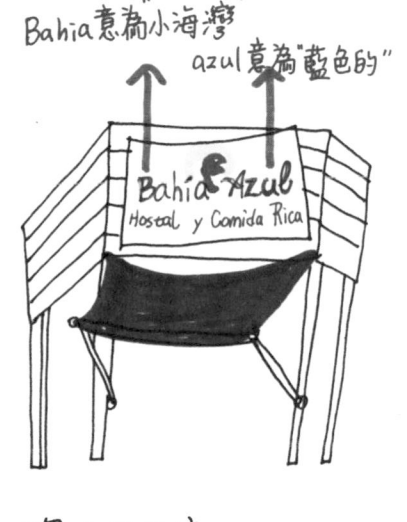

Bahia意為"小海灣"
azul意為"藍色的"

Bahia Azul
Hostal y Comida Rica

我每天晚上六點過後,會來這間名為「藍色小海灣」的餐廳上網,喝冷飲,白天亦會經過無數次,每次經過它,我就會靠在它旁邊滑一下手機,反正我有它的網路密碼,不用白不用!我覺得很納悶,在瓜地馬拉外食真的很花錢,這裡的薪資水平不高,但外食餐點的價格卻和台灣不相上下,有時更貴,不知本地人民如何消費得起?

[Almuerzo 午餐] 這間 Antojitos Gaby 是本地有名的餐廳,我去了它的Ⅱ店!

ANTOJITOS GABY

Ceviche 塞比切(生醃海鮮)

生醃海鮮
Q60
蘇打餅兩包

Michelada
米謝拉達

又鹹又辣

Michelada 調酒
Q25

既然來了海邊就應該吃海鮮,所以我點了Ceviche塞比切來吃,這是中南美洲國家滿常見的冷盤海鮮,我在秘魯常吃,料理方式是將白肉魚、花枝、蝦等海鮮切丁,加入檸檬汁、洋蔥、香料……等,海鮮中的蛋白質碰到檸檬汁會起化學作用,而使海鮮變成白色,看起來很像煮熟了一般,在瓜地馬拉會搭配油炸玉米餅或蘇打餅一起吃。

Michelada 米謝拉達,應該叫做墨西哥番茄醬鹹辣啤酒,是用啤酒加入番茄醬、鹽、伍斯特辣醬油……等調和而成,是墨西哥著名雞尾酒。

85

Livingston 李文斯頓 散步路線

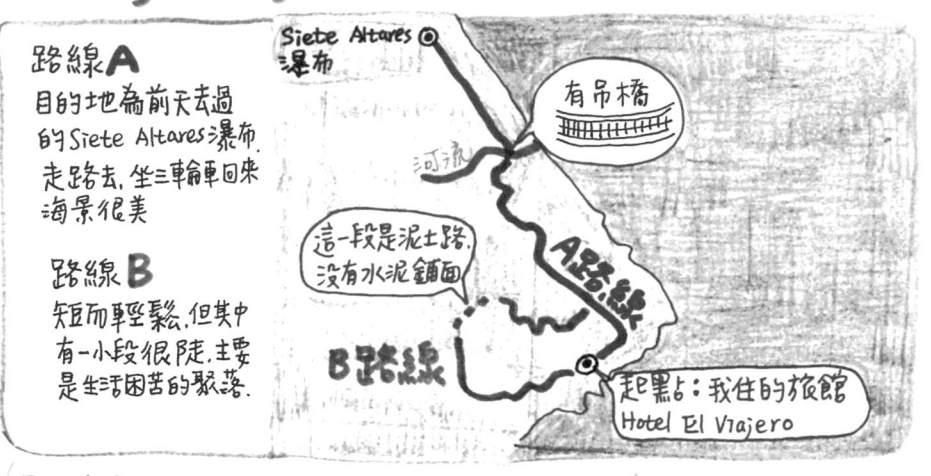

路線A
目的地為前天去過的 Siete Altares 瀑布.
走路去, 坐三輪車回來
海景很美

路線B
短而輕鬆. 但其中有一小段很陡, 主要是生活困苦的聚落.

Siete Altares
瀑布

有吊橋

河流

這一段是泥土路,
沒有水泥鋪面

A路線

B路線

起點: 我住的旅館
Hotel El Viajero

(路線參考: 我手機中的 APP —— maps.me 的地圖)

路線A：從市中心走到荒郊野外, 從內陸走到海邊,
海景無敵, 且看見日常風景, 屬於當地人的
小日子, 只有用雙腳踏實前進, 才能看見。

瓜地馬拉的村落有很多都有設置這種公共洗衣場, 當地婦女會來這裡洗衣閒聊, 還可免費提水回家用, 我去洗過一次。

這個遊客中心碼頭旁的大鐵皮建築, 堪稱當地人的「活動中心」, 學生在這裡打籃球, 排球, 晚上有宗教佈道活動, 假日還展售家電和摩托車, 一館萬用。

吊床這樣掛起床,好像一排魷魚……

Hamaca吊床無所不在,這裡也可看到許多賣吊床的店家,吊床比帳篷更具有機動性,任何地方只要一放上吊床,就好像自動切換「愜意」「休閒」模式,一種在台北用一百萬也買不到的放鬆感,但買回家不知要品哪裡?

PLACIO MUNICIPAL DE LIVINGSTON

這是市公所,門前為主要街道Calle Principal,我每天都經過很多次,有用路障擋住,只允許行人徒步而不讓車子通過,會有交通警察指揮動線,有很多紀念品店和餐廳。

Colido 44	Santa 47	Ducky 86	CH 07
Dor.all 08	Diana3pm 95	Diar 4pm 51	Pasados 94-86
Lupe1va 37	Lupe 2 Pm 16	Lupe 9pm 02	98-63 / 86-07

只要看到路邊有人擺一張小桌子,並拿筆記本不知在寫什麼,而且一定搭配寫滿數字的小白板或紙張佈告,就是在簽樂透的地方,想發大財的人全世界都有。

大蒜

大鍋子

小鍋子

這裡的非正式經濟很多,街上有許多小販,賣的物品五花八門,日常生活用品到零食都有,可能是失業率高,所以沒有正職工作,因此上街討生活。

87

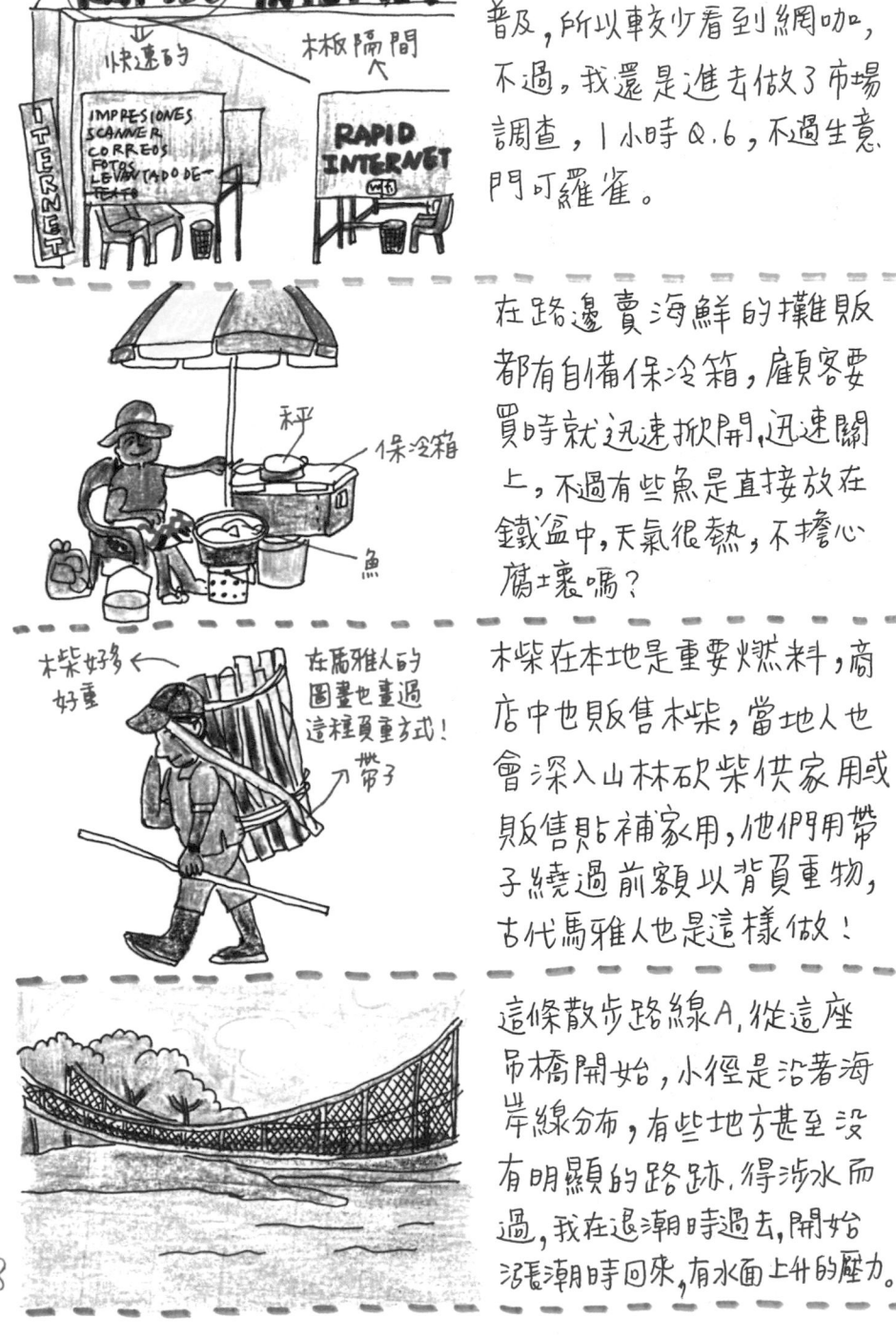

因為現在wifi和手機都很普及,所以較少看到網咖,不過,我還是進去做了市場調查,1小時Q.6,不過生意門可羅雀。

在路邊賣海鮮的攤販都有自備保冷箱,顧客要買時就迅速掀開,迅速關上,不過有些魚是直接放在鐵盆中,天氣很熱,不擔心腐壞嗎?

木柴在本地是重要燃料,商店中也販售木柴,當地人也會深入山林砍柴供家用或販售貼補家用,他們用帶子繞過前額以背負重物,古代馬雅人也是這樣做!

這條散步路線A,從這座吊橋開始,小徑是沿著海岸線分布,有些地方甚至沒有明顯的路跡,得涉水而過,我在退潮時過去,開始漲潮時回來,有水面上升的壓力。

我在那個觀景台內差點的睡著

沿海岸小徑前進，中途會經過一間旅館 Hotel Salvador Gaviota，可在這兒休息喝飲料，這裡有一條長長的木棧道伸入海中，木棧道盡頭是一處海景極佳的二層樓木造觀景台，裡面放了吊床和躺椅。

這個疑似外國梭羅，音樂放超大聲，不怕吵到人嗎？
→這裡沒有人！

這間兩層樓的類碉堡水泥建築實在很神奇，座落在荒涼世界一角，旁邊沒有任何住家，屋主躺在一樓的吊床上，用擴音器大聲放送美國新聞，這應是某個逃避俗世的「梭羅」，跑來這裡隱居！

這條海岸小徑的兩側，一邊是海，一邊偶爾會出現住家，多是簡陋的木造房屋，感覺生活條件較不寬裕，小朋友都走這條小徑去鎮上上學，非常遠。

路線 B：這條散步路線相當短，從我住的旅館出發，會穿越一個小山丘，然後會抵達市中心。

→沾滿灰塵

沿路都有人家在晒魚乾，他們把魚身剖半，放在高架的網子上曝晒，可能是網子不夠用，有些魚乾，乾脆就直接放在滿布沙塵的地面，希望買魚乾回去煮的人要清洗啊！89

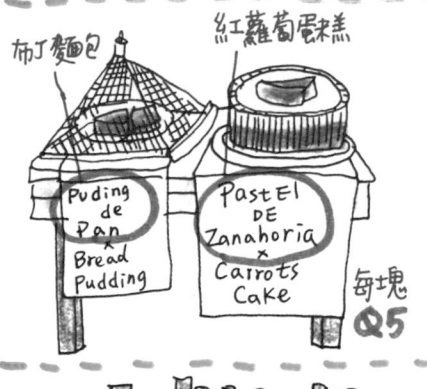

布丁麵包

紅蘿蔔蛋糕

Puding de Pan × Bread Pudding

PastEL DE Zanahoria × Carrots Cake

每塊 Q5

蛋糕放在紙上!

你又開始亂吃了!等你過敏你就知道了!

鄰近幹道的小屋,多會在門口擺張小桌子,販售自家手作的蛋糕點心。

在這裡常常看到這種用廢棄飲料瓶、木片(或竹片)、繩索捆緊做成的「垃圾桶」算是廢物利用,我覺得當地人喝太多碳酸飲料和假果汁了,不但影響健康,也製造垃圾。

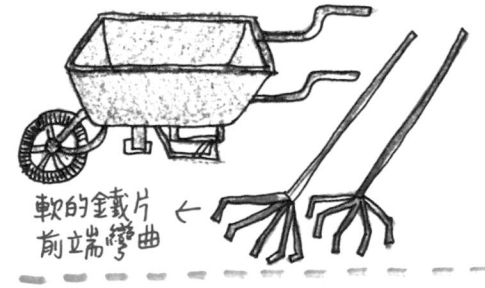

軟的鐵片前端彎曲 ←

這裡的人很習慣把垃圾丟在地上,身為台灣好國民的我,從小被諄諄教誨不可以亂丟垃圾,看得好緊張!清道夫會拿著兩支像叉子的東西,像撈麵般夾起垃圾丟進手推車。

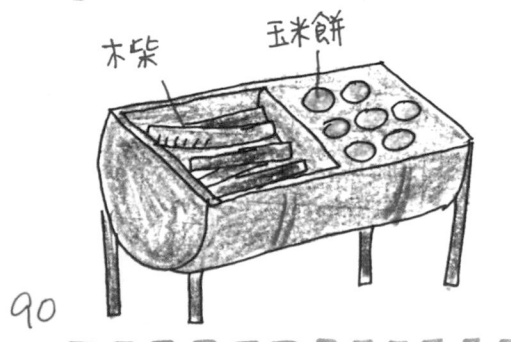

木柴

玉米餅

當地人會將廢棄的汽油桶廢物利用,鋸成兩半,再安裝四支腳及一塊鐵板,就可以成為賣玉米餅或烤肉的生財工具,窮則變,變則通,叫他們改造達人!

7月20日(六) 香蕉共和國

我想,我快感冒了,這幾天很熱,睡覺時,我總是把電風扇直直往自己吹……。今天得先返回 Rio Dulce 甜蜜的河,從那裡換車前往 Flores 弗洛雷斯,然而我覺得如果坐2個多小時的船回 Rio Dulce 甜蜜的河,吹2個多小時的風,我肯定會病倒,而且我不喜歡走重複的路。我決定先坐半小時的船前往 Puerto Barrios 巴里奧斯港,再轉車去 Rio Dulce 甜蜜的河;其實按照原訂計畫,我是打算從 Livingston 李文斯頓坐船去鄰國 Belize 貝里斯,上岸後再從那兒向西直達 Flores 弗洛雷斯,但臨時收到外交部的簡訊警告近來貝里斯有遊客被謀殺(但,中美洲每天應該有很多人被謀殺吧!),且我實在懶得去研究另一個國家的動線或重新適應新的貨幣,Belize 貝里斯,下次再說吧!

● Livingston 李文斯頓 → Puerto Barrios 巴里奧斯港
公共船,30分鐘,Q35(第一班是5:30AM,最好儘量早到,因為一艘船的載客量有限)

● Puerto Barrios 巴里奧斯港 → Morales 莫拉雷斯
迷你巴士,1小時,Q12(坐滿才開,沿途載客)

● Morales 莫拉雷斯 → Rio Dulce 甜蜜的河
迷你巴士,1小時,Q12(中途會被放在一個交叉路口,在馬路中間換車,向北前往甜蜜的河)
＊車子滿多的,毋須擔心沒有車＊

● Rio Dulce 甜蜜的河 → Flores 弗洛雷斯
大巴士(Fuente Del Norte 公司)4小時,Q65(不一定有座位,要碰運氣)

Puerto Barrios 巴里奧斯港這個地名,我不陌生,西語老師曾經介紹過這個地方。

91

香蕉共和國和巴里奧斯港

我不喜歡香蕉！

巴里奧斯港(Pouerto Barrios)為瓜地馬拉重要的加勒比海港口,是伊薩巴爾省(Izabal)的首府,和李文斯頓(Livingston)一樣,擁有瓜國其他地區少見的非裔人口。這個城市的鼎盛時期是在19世紀後期和20世紀初,發展背景和<u>美國聯合水果公司(United Fruit Company)</u>有關。

1870年香蕉初次被販售至美國,大受歡迎,商人發現香蕉貿易可獲取暴利,於是在加勒比海地區收購香蕉銷往北美,1899年美國波士頓水果公司和其他水果公司組成聯合水果公司,欲控制中美洲的香蕉出口。香蕉不適合長久保存,在即將成熟之際就必須採收,然後迅速送往市場,鄰近美國的加勒比海諸國,熱帶濕潤氣候適合香蕉生產,成了美國資本家覬覦的對象。該公司在中美洲以建造鐵路為手段,逐步控制鐵路週邊的土地,當時中美洲各國處於獨立後政治不穩定時期,聯合水果公司勾結獨裁者,攫取海關及稅收特權,壟斷運送香蕉的海運及陸運,壓迫小農及商家的生存空間。當時中美洲的尼加拉瓜、宏都拉斯、瓜地馬拉、哥斯大黎加等國受其控制,經濟結構單一化,被

香蕉優先！

墨西哥　貝里斯
瓜地馬拉
巴里奧斯港 Puerto Barrios
Izabal ←
伊薩巴爾省
Guatemala city
瓜地馬拉市
宏都拉斯
薩爾瓦多

◀━━━ 代表鐵路

稱做「香蕉共和國」，而富可敵國的聯合水果公司被稱做「國中之國」，不斷開林整地、大規模種植香蕉，還興建醫院與住宅群，發展電力，甚至建立軍隊，在其管理的土地上還享有司法管轄權，也曾多次聯合美國政府發起軍事行動來鞏固經濟利益，並進行政治干預，堪稱跨國企業干預國際政治的原型。以瓜地馬拉為例，獨裁統治者與美國聯合水果公司勾結，助其取得瓜國海運郵務等特權，並廉價獲得大片肥沃土地。該公司在瓜國境內修建中美洲國際鐵路（IRCA），其中，北部鐵路連接瓜地馬拉市和巴里奧斯港，所有的鐵路、港口碼頭設備全都由該公司使用，香蕉以鐵路從種植園送到港口，立刻進行包裝，再由公司所屬的大白艦隊（Great White）快速送往歐美，堪稱香蕉企業的「垂直整合」模式。當時聯合水果公司在李文斯頓及巴里奧斯港所在的伊薩巴爾省（Izabal）廣種香蕉，並引入加勒比海西印度群島的黑人勞工，故此地成為瓜國非裔人口聚集地。中美洲國際鐵路以運送香蕉為大宗，後又擴及咖啡等其他產品的出口，這間公司幾乎壟斷了瓜國的對外貿易，當地記者稱之為 "El pulpo"（章魚），指其腐化政府官員並剝削人民。1950年，哈科沃‧阿本斯‧古斯曼（Jacoba Arbenz Guzman）當選總統，極力主張土地改革，徵收聯合水果公司的土地，轉而分配給農民，並將鐵路港口收歸國有，危及瓜國大地主及美國資本家的利益，美國中情局對阿本斯冠以「共產主義」的罪名，並搧動反政府份子推翻阿本斯政權。1954年，卡洛斯‧卡斯蒂略‧阿馬斯（Carlos Castillo Armas）上台，重啟親美政策，並進行獨裁、政治迫害。

在 Puerto Barrios 巴里奧斯港下船後，我步行到巴士站去詢問有無前往 Rio Dulce 甜蜜的河的巴士？有人立刻指前方的一台迷你巴士，並要我把行李交給他即可。這種巴士通常會有助手招攬顧客及放置行李，我不疑有他，問了車資是 Q.25，就順手交出行李，然後鑽進車裡等待。這種車子通常是坐滿才開，可是，車子發動之後，從隨車小弟口中念的地名，我驚覺這輛巴士是南下前往 chiquimula 奇基穆拉，我趕緊拿出手機，確定公路將在 Morales 莫拉里斯南北分途，我急忙提醒小弟在 Morales 莫拉里斯放我下車，才能讓我換車北上 Rio Dulce 甜蜜的河。小弟說車資只收 Q.12，他又追問一句：「車頂上有你的行李嗎？」我說有，但內心暗覺不妙，那個告訴我這台巴士有到 Rio Dulce 甜蜜的河的人，拿走了我的行李，他真的是巴士助手嗎？我的行李該不會被偷了吧？我很懊惱自己的掉以輕心。都怪我太久沒當背包客了（因連續兩年都在固定地點居遊，學西文）以前自助旅行時，不管搭何種類型的巴士，我一定不輕易把行李交給別人，且一定會確認自己的行李有被牢牢固定在車頂才上車，怎麼這次如此輕忽？我不斷盤算著萬一行李被偷，必須到 Rio Dulce 甜蜜的河去購物，那裡有大超市及傳統市場，我該買什麼才能繼續旅行？才能應付接下來內陸高地區寒冷的天氣？萬幸的是，這一切都是我自行腦補，在 Morales 轉車時，我拿到了行李（欣喜），但我提醒自己，雖不必要神經兮兮，但絕不可重蹈覆轍。

94

△ 從 Rio Dulce 甜蜜的河往 Flores 弗洛雷斯的巴士票！

MAYA DE ORO
AUTOBUSES MAYA DE ORO, SOCIEDAD ANÓNIMA
MERCADO RIO DULCE ZONA 0 LIVINGSTON, IZABAL
GUATEMALA, 17 CALLE 9a. AVE. ESQUINA ZONA 1
TELS.: 2251-3817, 2238-3894
POPTUN TELS.: 7927-7409, 7927-7163
SANTA ELENA TELS.: 7926-2999, 7926-0000
MORALES TELS.: 7947-7070, 7947-8023
MELCHOR TELS.: 7926-5176, 7926-5528, 7926-5510

SUJETO A PAGOS TRIMESTRALES

NIT: 4397700-6

HORA SALIDA:	FECHA VIAJE:	ASIENTO No.
06:00 AM	20/07/2019	H/D

SALE DE: | DESTINO:
Rio Dulce | Santa Elena, Flores, Peten

NIT CLIENTE:
CF

SERIE 16RD
FACTURA No.011454

FACTURAR A:

PASAJERO:

PASAJE: Q.
REAJUSTE: GTQ 45.00
GTQ 0.00
TOTAL GTQ 65.00

2735 1529

Factura:16RD 11454, MITOCHA. TP:Efectivo.
RID-Rio Dulce, 20/07/2018 09:07 AM

LUGAR Y FECHA

AUTORIZADO SEGUN RESOLUCION No. 2018-1-61-320072 DE FECHA 30-04-2018. VENCE 30-04-2020.
ARTE Y COLOR - NIT: 430915-4 - 5,000 SERIE 16RD DEL No. 10,001 AL No. 15,000

MAYA DE ORO
AUTOBUSES MAYA DE ORO, SOCIEDAD ANÓNIMA
MERCADO RIO DULCE ZONA 0 LIVINGSTON, IZABAL
GUATEMALA, 17 CALLE 9a. AVE. ESQUINA ZONA 1
TELS.: 2251-3817, 2238-3894
POPTUN TELS.: 7927-7409, 7927-7163
SANTA ELENA TELS.: 7926-2999, 7926-0666
MORALES TELS.: 7947-7070, 7947-8023
MELCHOR TELS.: 7926-5176, 7926-5510

為什麼帶劍？

REAJUSTE: | TOTAL PASAJE Y EQUIPO

Q GTQ 65.00

BOLETO No. 011454 ASIENTO No. H/D

＊有一個戴著皮帽的乘客，帶了一把長劍上車！

ORIGINAL-CLIENTE

VALIDO UNICAMENTE PARA HORA Y FECHA DE SALIDA

即使睡著，仍緊緊抓住自己的隨身包包。

為什麼她永遠可以睡得這麼好？

FLORES 弗洛雷斯島
Hotel Petenchel 橋

這台前往 Flores 弗洛雷斯的大巴士是從瓜地馬拉市開過來的，車上早就擠爆，一想到車程最少4小時，心中無比絕望。我決定直接坐在走道上，還好一個半小時後，有乘客下車，我終於有位子坐了。一碰到椅子，我立刻沈沈睡去，直到隨車小弟及全車乘客叫喊著把我從睡夢中挖起來：「Flores 到了」

＊ Flores 弗洛雷斯是一個湖中小島，仰賴橋樑對外聯通，為了出入搭車方便，我選了離橋很近的旅館。

＊雙人房，附衛浴，熱水，wifi，1晚 Q140

＊小島感覺安全，居然還有24小時超商！

7月21日(日) 提卡爾國家公園

今天是星期日,很多店家都不開,我不想在Flores弗洛雷斯空等一天才去參觀 Tikal 提卡爾遺址,因此昨天放下行李後,立刻去訂了前往提卡爾國家公園的巴士來回票 **Q.70**。

我沒時間,也懶得比價,覺得差不多就訂了,並花了一個晚上閱讀地圖和資料,我自己要當自己的嚮導。(但沒想到 **Q.70** 的來回票,居然還包含嚮導!而且是英文,西文雙聲道)

Tikal 提卡爾國家公園 參觀小叮嚀:

(1) 去程約 2 小時,因為去程須全車乘客一起下車買門票,要排隊,買門票時須出示護照 (本國人與外國人票價不同)

(2) 須準備遮陽用具.防蚊液.好走的鞋子(園區很大).及雨具 (午后有雷陣雨)

(3) 要準備水和食物 (不然只能吃土了!)

(4) 要注意回程集合地點和時間.趕不上車的話,恐怕得露營或租吊床,和猴子共度一夜了 (我因為感冒,在躺椅上睡到不省人事,差點被放生!)

集合地點

YO ♥ Petén

Petén佩騰是瓜地馬拉北部的省份,Flores弗洛雷斯是佩騰省的首府,這個大大的水泥地標就在弗洛雷斯島的橋頭,離我的旅館非常近,眾多前往提卡爾國家公園的巴士都會停在這個地標前面上下車。

購買門票之後,在入口處會分發紙手環,做識別之用。

96　被聯合國教科文組織列為世界遺產　Tikal提卡爾國徽(象形文字)

馬雅文化未曾建立大一統的國家,而是有許多分散各處的大小城邦,位處低地區的提卡爾城邦因位處貿易網絡中轉位置而興起,並透過征戰而取得領導地位,尤其是七~八世紀,連續出現三個強大的國王,達到全盛時期,並留下著名的金字塔、神廟建築,馬雅金字塔有幾個特色:(用1號神廟舉例)

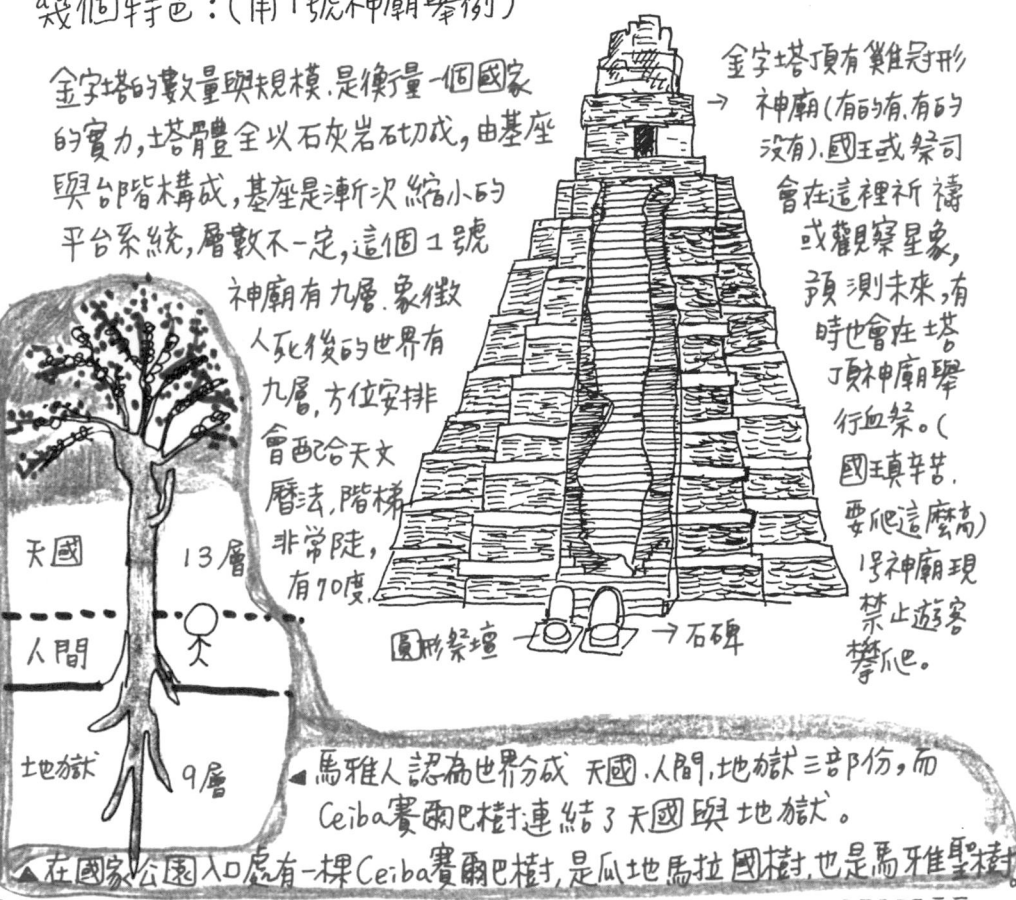

金字塔的數量與規模,是衡量一個國家的實力,塔體全以石灰岩石切成,由基座與台階構成,基座是漸次縮小的平台系統,層數不一定,這個1號神廟有九層.象徵人死後的世界有九層,方位安排會配合天文曆法,階梯非常陡,有70度。

金字塔頂有籠兒形神廟(有的有.有的沒有).國王或祭司會在這裡祈禱或觀察星象,預測未來,有時也會在塔頂神廟舉行血祭。(國王真辛苦.要爬這麼高)1號神廟現禁止遊客攀爬。

天國　13層
人間
地獄　9層

圓形祭壇　→石碑

◀馬雅人認為世界分成 天國.人間,地獄三部份,而Ceiba賽爾巴樹連結了天國與地獄。

▲在國家公園入口處有一棵Ceiba賽爾巴樹,是瓜地馬拉國樹,也是馬雅聖樹。

本來想畫Tikal提卡爾國家公園的平面圖的,但國家公園那麼大,得把比例尺縮得很小才行,如果縮得很小,其實也看不清楚自己在畫什麼?不如就來寫幾件印象深刻的事就好!

1▢ 建築就地取材

黑曜岩石刀

Yucatán猶加敦半島盛產石灰岩,提卡爾的建築石材使用石灰岩,提卡爾盛產黑曜岩,這種岩石可做成鋒利的石刀,可以用來切割石灰岩(黑曜岩同時地是很熱門的貿易商品),切割好的石塊重達二、三十噸,馬雅人的文化中並沒有使用車輪,他們運用雨林盛產的熱帶石更木,製成圓木,將石塊放上去,滾動著送到目的地。

2 ⊡ 大餅包小餅的建築方式

覆蓋

新繼任的國王會在舊廟上增建新神廟,新舊合體,體積會愈來愈大。

Templo I 1號神廟

例如：<u>Acrópolis del Norte</u> 北衛城，內部複雜，地面上
　　　　衛城　　　北方
的神廟大約是西元250年蓋的，但考古學家發現，光是現
在發現的半地下廟宇就有12層，是在不同年代一層一層
蓋起來的。

3 📖 可怕的血祭

　　　　　　這個故事是導遊講給我們聽的。馬雅人認為人
的鮮血是最貴重的東西，祭神若要顯示隆重，最好是獻出
自己的鮮血。Templo I (1號神廟)同時也是巧克力國王的
陵寢(是的!國王的名字叫做巧克力!)，出土的陪葬品就有
用來放血的魚骨，馬雅人會割破身體的某部位，以鮮血向
神靈獻祭。最駭人聽聞的是活人獻祭，做為祭品的人
全身被塗成藍色(藍色是馬雅人祭祀的顏色)，被按在祭壇
上用石刀剖開胸膛取出心臟獻祭，　　鮮血抹在神
廟牆上，屍體則由階梯踹下神廟。

99

Templo II 2號神廟

4 ▢•••• 有都市計劃的概念

提卡爾的城市規劃受墨西哥的Teotihuacan 狄奧華肯文化影響。建築文化有三部曲:有城必有神廟,有廟必有廣場,有廣場必有紀念碑;建築群以中心廣場為核心,

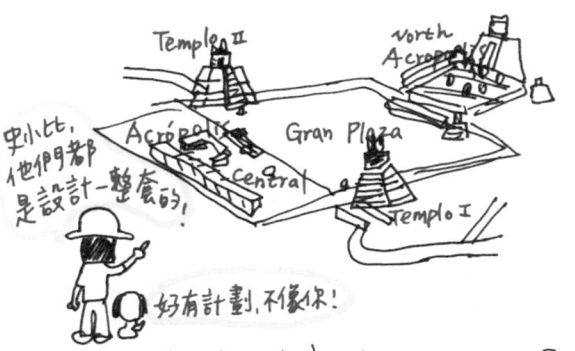

史小比,他們都是設計一整套的!

好有計劃,不像你!

旁有金字塔、神廟、亦有王宮、市場。並零星散布小型的普通民宅,亦不乏球場等設施,城邦面積廣大,因是在低地沼澤發展起來的,故各建築群之間以略高的堤道相連接。堤道也是石灰岩砌成的,地勢略高就不怕雨季淹水了,現在,這些石板堤道成了國家公園內的參觀步道。

5 ▢▢ 瞬間衰落的文明

登上高75m的Templo IV 四號神廟(提卡爾最高的金字塔.也是西半球第三高的前哥倫布時期建築),視野有如坐直升機所見,綠色樹海中,可以看見幾座神廟的塔頂露出,就像是白色的小小島嶼,透露著神秘感。書上說,馬雅文化是急速衰落的,人們突然就放棄了這個城市,衰亡的原因有各種說法,例:外敵入侵、商路轉移、生態惡化、自然災害等,答案如同眼前景色,深埋於叢林中。

我的腳好痠喔!

好美喔!

◔嘈

木梯(累!)

Templo IV.

7月22日㈠ 生病

Té MAYA®
Cinnamon
100% Natural

▲ 肉桂茶茶包,之前念西語學校時,茶水間提供的,是這個牌子的茶, "馬雅牌 Maya" 真接地氣!

我生病了,只好在這裡多住一天,喝了加薑的肉桂茶,又灌了檸檬水.洗個熱水澡,狠狠睡超過10個小時,今早好多了。坐嘟嘟車去巴士新站(Terminal nueva)問明天前往 Lanquin蘭金的轉車資訊.一到車站,就被經營 shuttle bus的掮客盯上,我知道這種巴士是專門給觀光客坐的,較舒適,且強調是會把你從這間旅館送到下一間旅館(door to door),只要是觀光客常去的景點都有提供服務,快速又安全。從這裡到 Lanquin蘭金,費用是 **Q150**,出來旅行久了,我又開始莫名地小氣起來了,不想多花錢,就另外去詢問 Local bus(本地巴士)的轉車資訊,我得活得像背包客,而不是觀光客!搞定車子的事之後,我決定去機場旁的購物中心吃麥當勞,這是我到任何國家的必定儀式 ── 用大麥克餐價格來了解當地物價及購買力。

大麥克套餐
Big Mac
CAFE

一飲料換成黑咖啡。

Q39,以當地薪資水平而言,麥當勞是非常奢侈的餐點。

硬找藉口吃麥當勞!

101

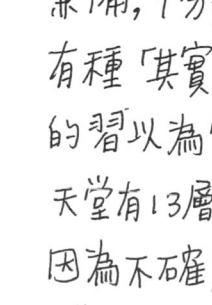

Q10 紅毛丹一袋
(約20顆)

吃完麥當勞,我繼續待在裡面吹冷氣,上網,然後拿剛剛在巴士站跟攤販買的紅毛丹出來吃。吃得心滿意足之後,逛了一下這個名為 Metro Plaza Mundo Maya 的購物中心,瓜地馬拉的城市總會有這種大型的美式購物中心,吃喝玩樂兼備,十分新潮。每次走進這種購物中心,總會讓我有種「其實我不在瓜地馬拉」的錯覺,我有時會對自己的習以為常感到罪惡,如果說,馬雅人的世界觀認為天堂有13層,地獄有9層,那麼,這裡的貧富差距是幾萬層吧!因為不確定明天前往的小鎮有無提款機,我決定先在購物中心的提款機提領充裕的現金。

關於在中南美提領現金小提醒!

1° 我只用「在建築物內部,且有警衛看守」的提款機,例如:購物中心,超市或銀行,但如果是銀行旁邊夜間無人看守那種小房間的提款機我也不用,因為那種容易被動手腳,裝機器側錄你的提款卡磁條,在路邊提款也容易被搶。

輸入密碼時,必用手遮住

▲這家的提款機很常見,我常常用!

2° 在國外領錢的提款卡會維持低水位餘額,就算被盜領也不至於損失慘重,需要更多錢時,再用網銀轉過來。

102

7月23日(二) 曲折的蘭金之路

Flores弗洛雷其斯的觀光客很多,所以政府有在治安上花心思,這是一個安全的地方,不過我今天要離開了,展開長途移動大業,離開舒適圈。

```
┌─────────┐
│ Flores  │     清晨5:30,天才會亮。我等天亮
│(弗洛雷斯)│     才去往上搭嘟嘟車,前往
│ Q10     │     位於 El Remate 的巴士新站.
│ 10分鐘   │     (Terminal Nueva),車資Q.10
└─────────┘
    ↓
┌─────────┐
│El Remate│     搭小巴士,minibus比chicken
│         │     bus野雞巴士舒服多了,這一段
│ Q30     │     路有鋪柏油,很平。
│ 2小時    │
└─────────┘
    ↓
┌─────────┐     在Sayaxché必須下車,花Q.2
│Sayaxché │     搭渡船去河的另一邊換車,
│(薩亞斯切)│     前往下一個轉車點,這一段路
│ Q30     │     又平又直,讓人昏昏欲睡。
│ 2小時    │
└─────────┘
    ↓
┌─────────┐
│El cruce │     又順利換車,還是坐小巴士
│de San   │     (minibus),這裡沒有前往
│Antonio  │     Lanquín蘭金的車,須去Cobán轉車
│ Q30     │
│ 2小時    │
└─────────┘
    ↓
┌─────────┐     抵達Cobán柯班,在巴士北站
│ Cobán   │     下車,須換計程車(Q15)到市中
│(柯班)    │     心,有專門發車前往Lanquín
│ Q20     │     蘭金的巴士站,小巴士須坐滿
│ 2小時    │     才開,車子比minibus大一些,
└─────────┘     又比野雞巴士小一些,車資
    ↓           Q30.一開始路很平,但走了差
    ↓           不多一半路程,就開始進入
    ↓           坑坑巴巴的產業道路🚌
┌─────────┐     路不平,就不會昏昏欲睡?但
│Lanquín  │     我可以!
│(蘭金)    │
└─────────┘
```

* 全程245Km
* 換了七次車(含一次船)
* 結論:自己換車真的沒有比坐shuttle bus省多少錢!
* 耗掉一整天的時間

瓜地馬拉國名意為「多木之地」,Flores弗洛雷斯位於Petén佩騰省,屬北方低地,森林翁翁鬱鬱。我將前往瓜國中部高地的Alta Verapaz上維拉帕斯省,眼前開始出現山巒起伏,人們的穿著打扮也不相同,瓜地馬拉有著多樣面貌,我又接近了另一個瓜地馬拉......。

103

一堆車子排隊等著
渡河

在 Sayaxché 被叫
下車時，一度傻眼，居
然要坐船去對岸換
車，這麼小的河，為
什麼不蓋一座橋呢？

共有8輛小車、一部怪手及
一輛大貨車，乘坐在由
好幾艘船銜接而成
的大平台，非常緩慢地
渡河。

人們則乘坐這種有頂的
小木板動力船渡河。(Q2)

不過，後來我想想，不蓋橋，也是有好處的，如果蓋了橋，
那渡船夫豈不失業了？就這樣繼續也沒什麼不好，而且，
我實在看不出有誰在趕時間的？連我這分秒必爭的台灣
人都早早繳械投降，跟鬧鐘手錶、計畫表說再見了。

交接給你了

好的!

事實上，我根本搞不清楚這段路要怎麼換車？要去哪裡換車？大部份時間我都因為感冒還沒痊癒而昏睡，人家叫我下車我就下車、叫我掏錢就掏錢，有時候我根本還沒搞清楚怎麼一回事，就被好心的瓜地馬拉人從這部巴士「交接」到另一部巴士，是的，是「交接」！我一路上，不斷地被許多善良的瓜地馬拉人關照著，才能順利一路轉車！

→當地婦女用大塑膠盆裝著食物兜售.

(火速....)
運賣三明治的摩托車也來了

從Coban柯班到Lanquin蘭金的小巴士很新，隨車小弟特地讓我坐在最前面的單人座位，比較不擠(嘿！這樣就讓我沾沾自喜覺得自己像個妞！)，但半路上巴士被路障擋下來，原來是前方正在鋪柏油，半小時後才放行。忽然四面八方湧出許多村婦兜售食物飲料，有備而來，機動性十足，讓我懷疑鋪柏油的根本就跟他們串通好。

105

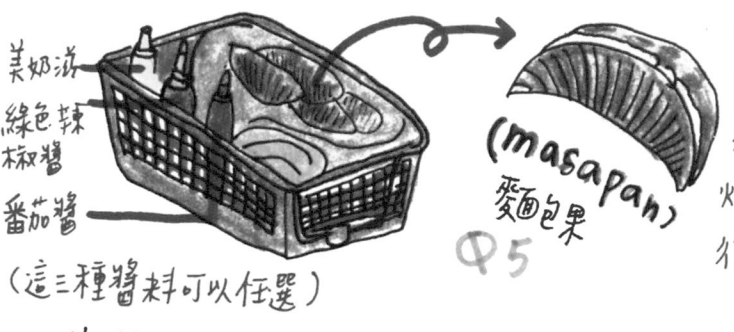

美奶滋
綠色辣椒醬
番茄醬

（這三種醬料可以任選）

把麵包果從中間用刀切開一個淺淺的缺口，塗上醬料炸過的麵包果口感很像麵包.

(masapan)
麵包果
P5

因為等得太久了，我忍不住向一個拿著提籃賣東西的小弟弟買了油炸麵包果來吃，等車子再發動時已不知過了多久，之後，車子駛離柏油路面,開始進入無限顛簸的產業道路，接下來的幾日,是不可能再見到柏油路面的。(筆又漏水了)

我出發前曾研究地圖,我想住在離Lanquin蘭金市中心不遠,但又能保有寧靜與綠意的旅館,也就是「離塵不離城」,這樣搭車購物、吃飯都方便,也不會覺得困在飯店裡,況且,對小鎮生活的觀察,也是旅遊的一部分.自絕於外太可惜。

市中心

Parque
公園

Viñas Hotel
藤蔓旅館

只要站在旅館門口,每天隨時有車可招,前往Semuc Champey

往Semuc（塞姆克）
champey （強貝）
（單程Q25,約40分鐘）
（10km,路很爛）

106

綠意盎然
view一級棒！

Viñas Hotel 藤蔓旅館,離市中心走路約10分鐘（空手不拿行李）,（若拿行李則痛苦指數高.因為路又陡又爛,輪子會飛掉！）單人房附衛浴含Q100。乾淨,熱水,wifi只有餐廳有,往Semuc champey 租門口車就有！

關閉狀態　　　　打開狀態

有樣東西，一路上住旅館常常看到，覺得厲害，一定要推一下，那就是「玻璃百葉窗」，通常在右下方有旋轉鈕可調整百葉窗斜度，旅館還會在外面加一層紗窗。

（個人覺得玻璃百葉窗不錯用）
（墨筆又漏水了，討厭，但這裡沒賣筆芯，我不能扔掉它）

吊床 hamaca

我房間外面陽台的吊床和天然 view 讓我一放下行李就立刻再追加三天住宿，這吊床可完勝任何昂貴名牌躺椅

這台標著 5B 的提款機在瓜地馬拉常見到。

Lanquin 蘭金是一個非常小的地方，我坐在市中心的公園，這裡觀光客雖不少，但好像也沒影響當地太多。當地仍維持著一種樸實的樣貌，我在公園看小孩玩球，小孩們害羞地遠遠打量我，我遠望對面銀行的本地唯一一台提款機，沒有警衛看守，這種有被複製磁條之危險，但很多外國人在領錢。107

7月24日 (三) 瓜地馬拉九寨溝

昨天，可能是感冒還没完全好，加車勞頓一整天，不到七點我就累癱，連晚飯也没吃就沉沉睡去。半夜咳醒，全身肌肉疼痛，我直覺自己快吐了，衝到浴室對著洗手台乾嘔……，於是吞了一顆藥、喝了水，穿上保暖衣繼續睡。休息果然是最好的藥，再度熟睡N小時之後，

在瓜地馬拉十分暢銷的台商泡麵，有牛肉、雞肉、海鮮……等口味。

我覺得體力好像恢復了，只是胃十分空虛。清晨五點半，該上哪兒找吃的？我拿出背包裡的 Laky 牌泡麵，用電湯匙煮了熱水，呵呵～泡麵還是要台灣人來做才好吃啊！這是台灣人在瓜地馬拉生產製造的泡麵，雖說口味已經有調整，但味道還是非常台灣，在離開台灣那麼遠的地方，吃到這熟悉的口味，感動得想流淚。

前往 Semuc Champey
塞姆克強貝

交通工具：(Pickup)
也稱pico.

(塞姆克強貝)

往 Semuc Champey 的路又陡又爛，必須仰賴四輪傳動的車子，當地會在四輪傳動的貨車後面焊上鐵架，這樣不但可以載人，也可以載貨物或牲畜。我和當地人搭上這種車子前往 Semuc Champey，一路上的路況，必須得緊握住鐵架，才能避免自己被甩出去。路面狹窄，最讓人擔心的就是兩車相會的驚險，但技術高超的司機總能在小轉彎利用巧妙的瞬間成功地閃開，有些下坡路也會讓我覺得車子就快衝下山坡了。山裡面有許多零星的小聚落，當地人及貨物進出全靠這種貨車，因此車上不只有觀光客，也有貨物及本地人。

早晨八、九點，太陽滿大的，旅館的員工告訴我，這時候去 Semuc 塞姆克 Champey 強貝 玩水游泳，其實滿熱的，就算感冒也不必太擔心，而且只要在旅館門口路邊一站，就有車子隨招隨停，非常方便。

我搭上了隨手招的接駁車，司機把音樂放得超大聲，大夥合唱笑鬧，簡直撼動山林。

玉米大軍
立正站好！

沿途整片山坡種滿了玉米，而且是不論多高多陡的山坡，全都種滿，當地人真的很需要玉米啊！

Peiyu 的地理教室：瓜地馬拉的地質概況！

(你說真3！)

North America plate
北美板塊

Caribbean plate
加勒比板塊

Cocos plate
科科斯板塊

瓜地馬拉

瓜地馬拉的地質和北美板塊、科科斯板塊及加勒比板塊三者的推擠很有關係。在板塊運動的影響下，在瓜地馬拉中南部形成 Motagua-Polochic 斷層帶，斷層帶大略將瓜地馬拉 (莫塔瓜)

的地質分成南北兩個地塊：北部的Maya馬雅地塊 和南部的 Chortis喬第斯地塊。自然環境是人類文化發展的舞台，在馬雅文化的漫長發展過程中，發展方向大約是由南向北 (由③向①推進) 觀照不同時期的文化特色. 神話傳說, 社會經濟. 甚至藝術. 可以看出強烈的人地關係。

① Maya block馬雅地塊多石灰岩 此區較多屬於海底沉積物 隆升後的地層, 海底貝類死亡後的遺骸形成石灰岩,

● Tikal提卡爾遺址

① Maya block 馬雅地塊

Semuc champey
塞姆克強貝灰岩地形.

② Motagua-Polochic斷層帶

火山地震帶

③ Chortis block 喬第斯地塊

110

前幾天參觀的 Tikal 提卡爾馬雅文化遺址，和今天參觀的 Semuc Champey 塞姆克強貝石灰岩地形，都和此區域的石灰岩層相關。此區的馬雅建築遺址，大型金字塔、神廟等，都是使用石灰岩興建，而雨水的溶蝕作用，造成石灰岩溶蝕地形。馬雅人認為石灰岩洞是通往地下世界的入口，具神聖性，他們會在洞穴中舉行祭典儀式；而因溶蝕作用導致地表水滲漏至地下，當乾旱期，馬雅人會到地下洞穴取水，或利用石灰岩窪地來蓄水，以度過乾季。

② Motagua- Polochic 莫塔瓜 斷層帶，多變質岩．

伴隨斷層作用出現的地熱，使得岩石變質（古代），在馬雅貿易圈盛行的玉石、黑曜岩，都和變質作用有關。古馬雅人偏愛玉石，玉石盛產於莫塔瓜 Motagua 一帶，是奢侈品，同時也具有祭祀祈禱的神聖用途；至於堅硬的黑曜岩則做成石刀來切割石灰岩，或做為血祭時的放血工具；玉石與黑曜岩皆為古代貿易商品。

③ Chortis block 喬第斯地塊，因科科斯及加勒比板塊推擠，形成火山地震帶。

古馬雅人認為火山是神聖而危險的，馬雅時期南部城邦衰落而向北遷移，也有人推論是和火山爆發有關。火山的危險及不可預測，令馬雅人尊重神靈並通過祭儀表達敬畏，馬雅神廟的外形其實就像一座火山；就經濟層面來看，火山噴發會產生富含礦物質的火山灰，馬雅人很早就懂得使用肥沃的火山灰土來耕作，並加入陶器中，改進陶器質地。現今瓜地馬拉著名的咖啡園多分布此區，全拜火山土之賜，不過火山爆發及地震頻繁，亦為此區隱憂。111

Ⅰ. 石灰岩溶蝕作用

窪盆　河川　（地表河川由吞口潛入地下，形成伏流）
吞口
石灰岩
岩溝　滲穴
石灰岩洞穴
地下伏流　　河川再現地表，重見天日
底岩　　　底岩　　底岩

站在吞口旁邊觀察河流如何潛入地下，一定要非常小心，因為石頭很滑，掉下去的話，你就被伏流捲去下游了

別太靠近

$$CaCO_3 + H_2O + CO_2 \xrightarrow{\text{溶解}} Ca(HCO_3)_2$$
碳酸鈣　水　二氧化碳　　　重碳酸鈣(液體)

雨水吸收二氧化碳形成碳酸，可溶性岩層(例:石灰岩) 遇碳酸性流水而溶解，隨水流失，產生溶蝕地形，例如:石灰岩地形中常見的岩溝、滲穴、窪盆、石灰岩洞穴 等。

☺ 在Semuc champey 塞姆克強貝，Cahabón河在石灰岩層上侵蝕出吞口，河流從此處潛入地下，成為地下伏流，在更下游處才會如泉水湧現般重新出現。

Ⅱ. 石灰岩沉積作用

因溫度或壓力改變，使碳酸氫鈣重新沉澱堆積

☆眾多緣石組成層層下降階地，為碳華階地
水流方向
因沉澱堆積而凸起之緣石
池水溢出

$$Ca(HCO_3)_2 \rightarrow CaCO_3\downarrow + H_2O + CO_2\uparrow$$
沉澱

這種作用會產生石灰岩堆積地形，例如:鐘乳石、石筍、石柱緣石，及眾多緣石所構成的 Travertine terrace石灰華階地。

☺ 在Semuc champey 塞姆克強貝，最有名的就是石灰華階地，像一階階的天然游泳池，藍綠色的池水被山林環繞，仙境！

112

Semuc champey 最吸引我的
塞姆克強貝
除了在乾淨的階地水池游泳
之外,最大亮點應該就是Mirador
(瞭望台)了

好像中國九寨溝!
好像 埔其棉堡!
那就是 石灰華階 地!
實在太高了!
暈!

從Mirador瞭望台可以一睹石灰華階地全貌,只不過,
這瞭望台是用幾根木頭架出一個僅能容納七人,看起來
搖搖欲墜的平台,十分危險。有個守衛在一旁控制
人數並禁止屁孩在上面跳躍(不要命了嗎?),走上
瞭望台的步道非常陡,雖然只花三十分鐘,但足以讓
我面色如土,於是我買了柳丁來吃,畢竟人家扛上來賣,
也是很辛苦的,雖然貴了一點,但沒關係。

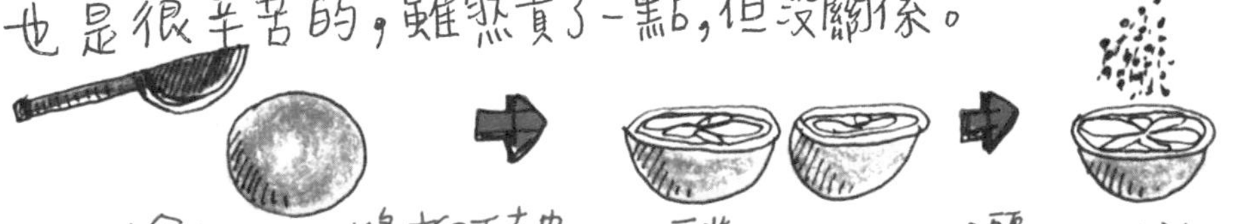

小販會先用刀子將柳丁去皮　　再對切!　　灑上pepita(瓜
子磨成的粉)及鹽

一再遇見住我旅館隔壁房間的瓜地馬拉廚師,以及
帶著足球隊來參加比賽並郊遊的小學老師,熱情
地與我聊天並合唱。
113

7月25日(四)　危險的石灰岩洞

為了避免體力耗竭,昨日我並沒有參加石灰岩洞穴探險行程,在 Semuc champey 游完泳,站在石頭上讓太陽
（賽姆克強貝）
把我晒暖之後,我就搭車回旅館睡午覺了。今天又全副武裝去參加 石灰岩洞穴探險及漂游活動 。

Cave tour 與 tubing (洞穴旅遊 與 漂游)

地點：就在黃色跨河大橋旁邊 (右邊小徑向上走,跟
　　　路人說你想參加 Tour cueva(西語:山洞) LAS
　　　Marias Kan-Ba, 路人就會指給你看。

費用：(1)如果你是旁邊旅館 Posadas Las Marias 的客人,
　　　洞穴探險加漂游 只要 Q40 (算是優待)
　　　(2)如果不是房客,洞穴探險 Q60, 漂游 Q10

注意事項：(1)不會游泳的人最好三思而後行,尤其是
　　　　　雨季,洞穴中呈現淹水狀態,有很多
　　　　　地方必須憋氣游泳或潛水過去。

請穿泳衣!
是的,
是蠟燭!
復古浪漫.
但十分微
弱!

(2)如喋你的頭燈或手電筒可以防水,就帶
吧!不然 他們發給你的照明工具是 ～一
人一根蠟燭,十分浪漫 ☺ 只能帶防水相機。

(3)一定要穿腳跟有綁帶的鞋子,穿夾腳拖
鞋,鞋子容易被沖走,且岩石尖銳易被割傷,
穿包腳涼鞋最好。

114

(古代馬雅人就有塗面紋身的風俗)

我和來自義大利的小旅行團併成一團，一起進入石灰岩洞穴，導遊會用在洞穴裡的一種不知是石墨還是什麼東西的染料，在大家的臉上畫畫，畫得像野人一樣 (哈哈)

Peiyu的地理小教室：鐘乳石、石筍、石柱

生長方向由上而下者，稱做"鐘乳石"

生長方向由下而上者，稱做"石筍"

上下不連成柱狀者，稱為"石柱"

石灰岩洞穴中有石灰岩堆積地形，依據生長方向、型態之不同可分為：鐘乳石、石筍、石柱，洞穴中有蝙蝠，在馬雅神話中有名為 Camazotz 的蝙蝠神，與夜晚、死亡、犧牲有關，在雕刻中經常出現。

危險

心得～ 這一切實在是有點危險 ¡Peligroso!
(是非常！)

危險工。

我為什麼要來這？

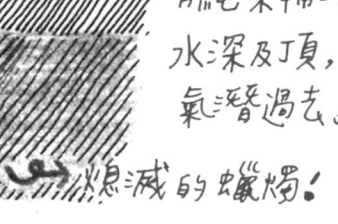

雖然很多地方有繩索輔助，但水深及丁頂，要憋氣潛過去。

—— 熄滅的蠟燭！

115

2°

用生命保護
蠟燭做什麼?

涉水而過時,因視線
不佳,有時地面落差高
達 0.5 m,很容易摔倒,
而四周的岩石十分尖銳,
擦傷.割傷在所難免!

3°

落差達 2m 以上,
雖有鐵梯,但手滑
腳滑,步步驚心

沒有鐵梯
時,簡直要整
個人貼在石壁上,
像蜘蛛人,還
得一手拿蠟燭

心 天降瀑布.

最怕爬得膽戰
心驚時,還會從
上方某洞口出現小
瀑布傾瀉而下,
影響手腳穩定度

4°

有的洞穴十分狹窄,必須
匍匐前進,還得小心不要撞到頭。

5°

實在很想把
把蠟燭丟掉

有些需要游泳或憋氣的距離
實在很長,為了省力,我只好抓
著繩索蹬牆前進.讓身體本
身的浮力幫助自己可以在水面上
吸到空氣。

116

整個洞穴探險行程約一個半小時，離開洞穴時，我真有種劫後餘生的感覺，在服務台旁邊有個牌子寫著「安全自負」，我想這個單位應該沒有幫旅客保任何險吧！結束洞穴驚嚇之旅，接下來就是輕鬆好玩的 tubing 漂游活動
(其實就是電視節目的漂漂河活動)
這個活動就是發給每個人一個黑色大輪胎，順流而下漂到 Posadas las marias 這間旅館為止，那裡有繩索可以抓著

我一路漂下去，會到太平洋還是大西洋？

上岸，不過漂的時候要注意保持漂在河心，因為河心的水深較深，如果靠近岸邊則可能會撞到岸邊石頭而受傷。

Cahabón河
(卡哈本)

這座黃色的鐵橋是非常明顯的地標，有許多外國人站在這裡跳水，我覺得他們超有勇氣的，因為那座鐵橋很高。　117

這座黃色鐵橋應該算是一座危橋吧！雖然它的鋼鐵骨架看起來好像很堅固，但平鋪在橋面上的木板卻多有破損，車子通過時，

這裡破了一個大洞

搖搖晃晃地，甚至可以聽見木板吱吱嘎嘎地響，好像隨時都會斷裂。我觀察到那些木板甚至已經裂了好幾個大洞，其大小足以讓一個成人掉下去，不知道他們什麼時候要來修理？我覺得大家好像習慣了這種情況。

瀑布

大石頭

天然跳水平台

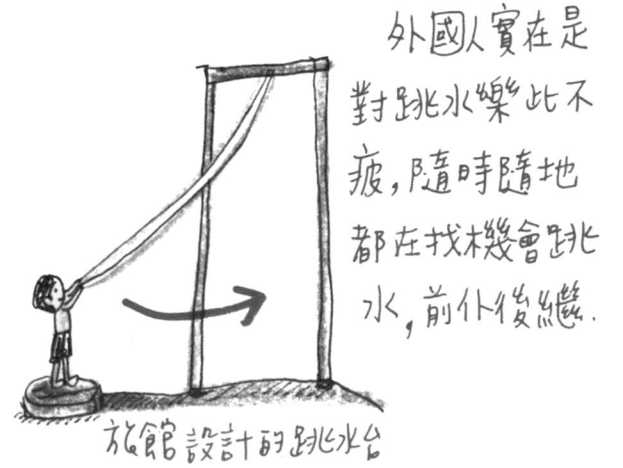

外國人實在是對跳水樂此不疲，隨時隨地都在找機會跳水，前仆後繼。

旅館設計的跳水台

結束本日的洞穴探險與 tubing 漂游活動，義大利團和導遊要去吃午餐，他們是大老遠從 cobán 柯班 拉車來的，下午還要去游泳，我則打算先回 Lanquín 蘭金再吃午餐，因為路況實在太糟，若先吃午餐，我擔心回去的路上，我胃裡的東西全部會被震出來。我守在鐵橋旁等著攔車，導遊幫我攔下另一個旅行團包的車，請他們載我一程。一路上看著山坡上種的玉米、香蕉、咖啡……等，這一帶是咖啡的重要產區，咖啡樹與其他作物混作，屬蔭下種植 shade grown，例如咖啡樹就種在香蕉樹下，既可增加多元收入，其他樹種亦可為咖啡樹提供遮蔭，提升咖啡的品質。既然 cobán 柯班 鄰近山區是有名的咖啡產區，為何我來到這裡之後，沒有喝到像樣的咖啡呢？不甘心的我，決定接下來要去 Coban 柯班 市區住幾天，至少要去咖啡館坐坐，喝杯及格的咖啡。

回到 Lanquín 蘭金 市區，明明才兩點，但是因為近日舉辦足球比賽，餐館被這些帶隊老師及足球小將們包了，我只搶到最後一盤炒麵。 chow-Mein 炒麵 Q10

炒麵還是會配玉米餅

→ 雞肉炒麵

→ 洛神花茶

7月26日(五) 發呆的傻瓜

本日無行程，雖然旅館有游泳池，但我不想游泳，只想當一個發呆的傻瓜。

房間裡貼了一張紙說可能會停電、停水數小時之類的，表示歉意但也形容一切是無法控制的！末尾並附上一句：esta es la vida en la selva！（this is life in the jungle！）住在這裡的每一天，

旅館的房號是用馬雅的數字標記形式！我本來住5號房，後來因客滿，又搬到4號房（5號房附衛浴Q100，4號無衛浴Q50）

半夜都會停電，大多要到近中午才有電（沒有電自然也沒有wifi），而下午通常停水，得等到傍晚才能洗澡，不過我倒也沒什麼不習慣的，我只待幾天就離開，而這可是當地人生活的日常，且能住這樣的地方，我該滿足了。

馬雅數字小檔案：馬雅人對「零」這個概念的發明與使用，比印度人更早，他們用貝殼圖案代表「零」，採二十進位法

0	1	2	3	4	5	6	7	8	9	10	11

12	13	14	15	16	17	18	19	20	21	30	40
								20+1	20+10	20×2	

120

你沒題材可畫了嗎?

畫我們做什麼?

對馬雅人而言,鸚鵡很重要

這個懸掛於旅館中的盆栽一定要記上一筆,因為它是用廢棄輪胎巧手裁切再上色,變成一個匠心獨具的鸚鵡盆栽,廢物利用的精神簡直是把垃圾變成有價值之物。

我在旅館餐廳桌上寫日記(沒辦法,房間沒桌子,而坐地上靠著床寫實在是不太舒服的事!),旅館人員跑來指著

嘴十分尖細長!

honeybird 蜂鳥

我頭上的藤蔓要我注意看,她說那兒有一隻蜂鳥,小巧圓滾的身軀配上細長而尖的鳥嘴,十分可愛。蜂鳥對馬雅人而言是重要的動物,象徵神的使者,旅館人員說這隻蜂鳥每天固定這個時間都會出現在這個位置,只要聽聲音就知道牠來了!(筆又漏水了,好煩!)

gallo是"公雞"之意,這個牌子的啤酒是瓜地馬拉的國民啤酒,非常普遍。

這個BRAHVA牌啤酒也是當地常見的牌子,價格差不多只有公雞牌啤酒的一半,不知道為什麼可以那麼便宜?

121

牙齒鑲上金子或玉石，是古馬雅時代就有的風俗。

這兒的女生絕對個個都可稱做美女，我在公園看小孩踢球，順便觀察當地婦女的穿着，豎起耳朵聽她們聊天，發現音調很明顯不是西班牙文。她們所使用的是馬雅族所使用的語言其中之一～Q'eqchi。馬雅人普遍個頭嬌小、膚色較深，雙眼大又漂亮，好像蘊藏許多情意；這裡流行的服飾風格是內搭小可愛之後，罩上鏤空的洞洞上衣，下半身則是各種花色的打了細褶的長裙。

十幾歲的年輕女孩到幾十歲的婆婆媽媽全都這樣穿，走起路來裙襬波動、搖曳生姿，通常會戴亮晶晶的黃金首飾，有些人露齒一笑，還露出鑲了金與玉的牙齒。

最安全的地方

錢包居然從胸部掏出來

柳丁去皮

西瓜切成片狀

芒果片削好一包

我起身去旁邊的水果攤買1片Q1的紅西瓜，攤位大媽居然從胸部掏出錢包找我錢，錢還熱熱的，呵！小小尷尬。

晚餐吃公園旁邊的 Taco
塔可餅，這是墨西哥食物，
也是瓜地馬拉很受歡迎
的平民小吃，通常有雞肉、
豬肉、牛肉三種口味。

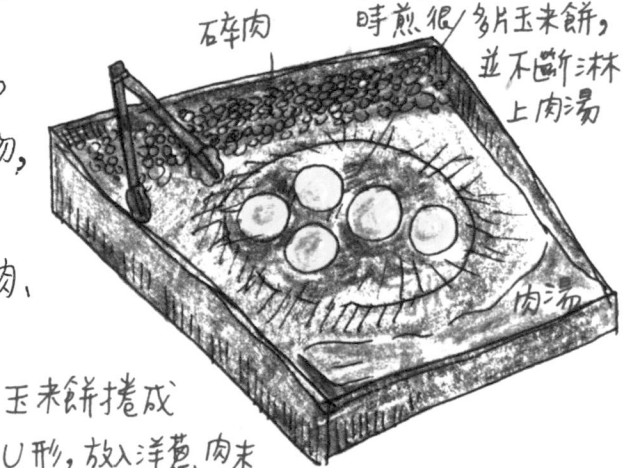

中間圓形凸起物同
時煎很多片玉米餅，
並不斷淋
上肉湯

碎牛肉

肉湯

自己加四種醬汁配料　切碎高麗菜

玉米餅捲成
U形，放入洋蔥、肉末
並附有不同口味的醬汁，例：莎莎醬、
酪梨醬，也有酸辣泡菜或生菜、芫荽等配
料，讓客人愛加多少就加多少！　123

▲ 鎮公所

他們把鎮公所跟對面公園之間的馬路封起來，直接在這裡辦小朋友足球賽的聯歡晚會，還請了兩個小丑來當主持人，並放煙火，還有頒獎典禮。從四面八方來參加足球賽的小朋友都很開心，開心是不分國界與年齡的，連我這個大人也看得很開心。

蝙蝠

在鎮公所階梯上舉行的頒獎典禮，獲得冠軍的 Cobán 柯班女子足球隊開心地和獎杯合影，真是健康開心的活動，不但有比賽，還去游泳玩水，還有同樂會。

足球賽的吉祥物是一隻住在石灰岩洞的蝙蝠，很符合當地！

124

7月27日(六) 專程到柯班放空

我自己很喜歡 Lanquin蘭金這間叫做藤蔓的旅館,這間旅館view極佳,且不是只有外國人會來住,因為收費合理,連著這幾天,我隔壁住的都是瓜地馬拉家庭。原本我以為 dormitory 那種宿舍式床位是外國背包客的最愛,但現在我發現帶著一家大小出來旅遊的瓜地馬拉家庭很喜歡選擇這種 dormitory 房間,全家熱熱鬧鬧、開開心心地。他們的小小孩及小孩在上下舖爬上爬下,三不五時跑到陽台吊床旁邊偷看我,我會故意用西文跟他們打招呼,嚇得他們害羞地跑去躲起來;原本想在這裡再多住一天,但週末旅館客滿,我也懶得再找其他旅館,不如就順水推舟,前往兩個小時車程外的 Cobán 柯班吧!

你只是迷戀這裡的陽台跟吊床吧!

研究了一下地圖,老實說,週末在大城市,所有商店都沒開,我也不知道到 Cobán 柯班要做什麼?那麼就去喝咖啡、睡覺吧!我挑了離市中心近的旅館(城鎮範圍大,市中心交通及生活機能較佳!)。旅客評價說熱水很熱(當地海拔1320m,熱水不可或缺)、巷口就有咖啡館……完全就是準備去睡好睡滿,專程放空打混。

125

從 Lanquin 往返 Cobán 的巴士
蘭金　　　　　　柯班

不難搭，我背著大背包，才從

旅館走上坡路往 Lanquin 蘭金

市中心，只走一小段路，就被

叫上巴士了。不過，巴士要坐滿

才開，它一直鬼打牆地在市中

心兒圈子攬客，足足繞了

一個鐘頭，我都快要可以背完

街道兩側的店家招牌了！往 Cobán
　　　　　　　　　　　　　柯班

的路途，司機一直播放很好聽的音樂，我們的巴士在

狹窄的產業道路上不斷地與其他車輛會車，看那些

人的穿著打扮，應該是要去 Semuc champey 玩水，大家都
　　　　　　　　　　　　　塞姆克恰貝
看來十分開心，真好！順利抵達 Cobán 柯班市區，我拿出

手機地圖定位，馬上順利地把自己送進預約的旅館。

Hostal Casa Tenango

ADD: 2da calle, entre 3ra y 5ta avenida, zona 1, cobán
單人房附衛浴，一晚 Q100，乾淨安靜（我住2F，旁邊窗外是樹
林和香蕉園），熱水很熱，水很強，房間內收得到 wifi
離市場及公園近，走路可到，巷口有咖啡館（貌似名店，
但週末沒有開），而且房間裡有桌子！（這是我此行中第
一次見到旅館房間有桌子，不用趴在床上寫日記真好！）

126

午餐 Q12

米飯 → 生菜

番茄燉雞 → 玉米餅一次給4片

冷飲

午餐是在傳統市場解決的,不過不好吃,吃完後有空虛感。於是我去旁邊的水果攤買了一片西瓜來吃,仍覺得不滿意,於是決定去吃瓜地馬拉常見到的Sarita冰淇淋,這是一個哥斯大黎加的冰淇淋品牌,價位不算便宜,我其實更喜歡另一個瓜拉馬拉本土的冰淇淋品牌POP.但這牌子似乎沒有 sarita 那麼普及。

一片西瓜或兩片木瓜都是用塑膠袋包好,一份Q1

Sarita
Helados · Desde 1948

Q13

很像巧克力霜淇淋的冰淇淋放在用餅乾做成的盤子上

San Jorge

吃完冰淇淋,再去教堂附近 Hotel Central 旁邊的 San Jorgo 咖啡館喝咖啡看書,一杯咖啡Q8,續杯Q1,十分划算,品質也還算可接受,住大城鎮就是有這好處,可以泡在咖啡館。

127

7月28日(日)　火雞肉湯與刨冰

要打發我實在太容易了，只要是安全安靜乾淨的旅館，又大又熱的熱水可以讓我把自己洗得很乾淨(而且洗多慢都沒關係)，洗完衣服有地方晒太陽(不必用吹風機加工吹乾)，有書桌(不必趴在床上寫日記)，有開網頁不必等的wifi速度……，只要這樣，我就覺得完美到可定居了。

午餐 kaq ik (caldo de chunto) 火雞肉湯
　　　incluye : arroz, bebida y tamalitos　包括：米飯、飲料和玉米粽。
kaq ik (或寫成 kak'ik，為火雞肉湯，
　　是coban柯班的經典料理，kaq ik 和pepián及jocón都被瓜地馬拉視為重要的非物質文化遺產)

Q80

火雞肉湯.湯裡還放了一些難下水之類的內臟

玉米粽
tamales

米飯
arroz

飲料是洛神花菜

湯裡放了許多香料，湯頭美味，這道菜一定會搭配米飯及玉米粽一起吃(我覺得我食量變小了，居然吃不完！)

Q5

128

吃完飯，在路上買granizada(也就是刨冰)來吃，瓜地馬拉的刨冰顏色十分多彩豐富，這杯刨冰加了果汁、Tamarindo(羅望子果醬)、煉乳，以及蜜餞，好美味！

Deliciosas Granizadas
美味的   ﾂﾒ刨ﾓ

窯饯

手搖刨冰機,做好
的刨冰會放在最下面
的臉盆裡.再裝進杯子
裡加料。

羅望
子醬

煉乳

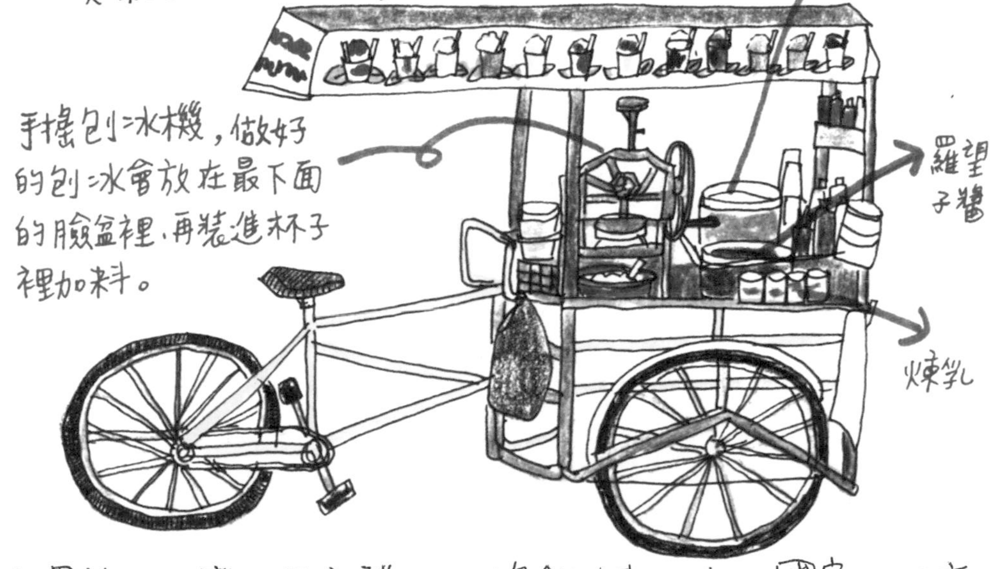

如果說,台灣是最會發明手搖飲料口味的國家,那麼
瓜地馬拉就是最會發明刨冰口味的國家。每次進刨冰
店或站在刨冰車前面,我都不知道該怎麼辦才好,因為
不但有甜,有鹹.還可以加餅乾,多力多滋.還可以加辣,加
酸酸的檸檬,一杯小小的刨冰絕對不能只有一種醬料
和顏色,那種只有一種顏色的.應該不敢推出來賣吧!沒
想到在台灣忙到昏天暗地的我,居然也能有機會過上
這種慵懶的生活,生活
中最重大的抉擇居然是   吸管   湯匙
——「那我到底要吃什麼   先吃   這杯彩色冰
口味的刨冰,好難選喔!」   再說!   充滿了色素.

129

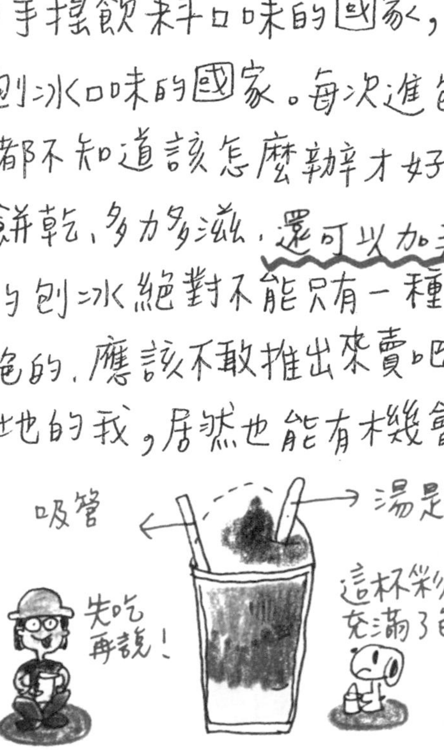

7月29日(一) 咖啡莊園之旅

吃早餐前，先在巷口買兩片切好的木瓜來吃（每天經過那個水果攤，都一定要停下來買一次，截至目前為止，已經買了木瓜、西瓜、蜜瓜和柳丁，下次再買芒果！）。

今天是週一，終於等到欣欣向榮的上班日，先去市政府服務台要了一張地圖。不過跟 lonely planet 寂寞星球旅遊書上寫的一樣，它的 Inguat（旅遊中心的名稱）藏在庭園一角，似乎是怕人家去問一樣，連服務台的人都不確定到底在哪裡？不過，我好像也沒有什麼想問的問題，找不到就算了，我稍微把地圖

木瓜 papaya Q1

我的人生不想要奮鬥，我過去太努力了！

你的人生只剩下吃這件事了！

會，我有時會頭暈，但我願意被毒

有水果就好，不要喝來路不明的飲料

我每天都有買水果，也有榨檸檬汁補充維生素C

你吃那麼不會過敏嗎？

那刨冰看起來糖精色素十分飽滿

在瓜地馬拉想放縱人生的peiyu

遠在台灣苦口婆心的人生導師的line

＋

人生總是發光的成功人士，寫下金玉良言

上的景點簡介瞄了一下，就按照之前計劃的吧！一天看咖啡園，一天看茶園，大部份的旅客都是把

cobán 柯班當成中繼站銜接景點，而我是把這裡

130 當成旅行一個月的休息站，只想好好吃和睡。

野雞巴士（Chicken Bus）是瓜地馬拉常見的交通工具，車身上的綠色格查爾鳥（Quetzal）為瓜國國鳥，亦稱「鳳尾綠咬鵑」，白色修女蘭（La Monja Blanca）是瓜地馬拉國花，車窗內不同膚色人種表現該國種族多元的特色，車裡擠滿乘客、車頂堆滿農產及生活用品是當地最常見的庶民風景。

聯經出版事業公司

瓜地馬拉手繪旅行

圖‧文
張佩瑜
Peiyu

我最頭疼的，就是像cobán柯班這樣說大不大說小不小的城鎮規模。搭車的地點散布城鎮東西南北，搭計程車太近、走路又有點遠，加上柯班不是平地，光是找出城的巴士停靠站就讓我像傻瓜一樣在階梯上上下下，更可怕的是，問了好幾個路人，每個人指的方向都不一樣，實在不曉得自己在瞎找什麼？

North bus Terminal
(Terminal de buses del norte)

Las Victorias 公園

Estadio Verapaz 體育館

↓ 往傳統市場

往chicoj的巴士

就停在離Estadio Verapaz體育館旁邊的路邊，那裡停了一大排車（關鍵字：Estadio Verapaz），車資Q2只要15分鐘就會到chicoj

前往 Chicoj 咖啡合作社的交通指引

往chicoj的巴士，我覺得還是走到Estadio Verapaz體育館旁邊去搭比較方便，因為是起站，所以車子就停在那裡。雖然它出城時會走 la calle，所以有人會建議你去 la calle 的警察局(policia)或 kam mun (金門餐廳，是的，有大大的中文字寫著金門兩個字，還放了兩隻可笑的石獅子！)旁邊等車，但我覺得這些都不可靠，還是去起站穩穩地坐在車子裡等乘客坐滿才開車，讓人有一種只要願意等就會成功的安全感。131

名片背面文字： Coffee Tour
Cooperative Agricola Integral chicoj. R.L.
　　　Cobán - AltaVerapaz - Guademala
- Tour de Café
- Canopy.
- Area para Camping.
- Artesanías
- Bebidas a base de café.
- Servicios de alimentación previa
　reservación
- Hospedaje en habitación colectiva

"Finka" 這個字是指大型莊園。cobán 這附近的大型莊園回溯到十九世紀，是由德國人以低廉價格承租土地栽植咖啡、小荳蔻等作物。直至二次大戰期間，美國向瓜國政府施壓，以和納粹有關之藉口，要瓜國政府驅逐德國莊園主的勢力。

謝謝(原住民語)　謝謝(西)
Bantiox - Grancias.

qeqchi 馬雅語言

132 ↳當地是講 qeqchi 語的馬雅原住民，他們教我 "謝謝謝" 這個字該如何說！

Chicoj 目前由許多小農家庭共同組成咖啡合作社，共同生產、行銷，並開辦咖啡簡介行程，也有 Canopy 溜索等極限運動項目。

BIENVENIDOS
AL COFFEE TOUR
COOPERATIVA AGRICOLA INTEGRAL (CHICOJ) R.L

chicoj 咖啡合作社入口處有
很顯眼的寫著歡迎的牌子.
巴士司機會在入口處把你放下車

Referecias 行程參考
- Bienvenida
- Historia
- Vivero de Orquideas
- semillero
- Jardin Plantas Medicinales
- Historia del café
- Manejo de Plantaciones y Sombra
- Variedades de Café y Mirrador
- Cardamomo
- Bosque
- Nacimiento
- Abono y Cosecha
- Beneficio Humedo
- Beneficio Seco
- Estaciones de Canopy

從入口處走到咖啡合作社
是一段很舒服的上坡路,兩側
都是各種作物,並且遇見了當地
學校老師帶領學生樂隊在
為明日市區遊行做練習。老師
們停下來和我聊了一下天,並和
我握手,說非常歡迎我從台灣
遠道而來,祝我玩得愉快。

行程費用:

Canopy 溜索活動Q75
Café tour 咖啡行程 Q75
溜索+咖啡行程(優待) Q135
因為此時並非咖啡收成期.
故有些後續加工處理的程
序沒有機會看到,不過,因為
我事先已經知道,故並不失望。
建議看中美洲咖啡產銷行
程,可在11月咖啡採收期來,
可以有更完整的認識。 133

整個 Café tour 是採一半英文, 一半西文的解說方式進行, 此地咖啡樹採 蔭下種植 , 咖啡樹與香蕉
shade-grown
樹、公香蕉樹(plátano)、小豆蔻、酪梨……等作物混作,
可增加收入, 其他作物樹種亦可為咖啡樹遮去約
50%的陽光。這兒的咖啡品種有98%為阿拉比卡
arabica種, 解說人員從育苗、移植開始介紹, 也說明
咖啡歷史, 雖然此時無法參觀後續加工處理程
序, 但他仍極度有耐心地為我說明 lavado (即wash.
也就是水洗)及 honey (即蜜處理)等方式的差別, 也摘

下已成熟變紅色的Coffee
cherry (咖啡櫻桃)即成熟
的咖啡果實讓我品嚐, 新
鮮的紅色咖啡果實有股像
蜜一般的甜味, 我忍不住連
吃了好幾顆。好在平日有
涉獵咖啡相關知識, 所
以解說人員提及的關鍵
字, 我多數可以迅速掌握。
134

↑我買了咖啡合作社的水洗
咖啡, 半磅 Q25.

去年念西語學校時，我曾一起去參加某莊園的 Canopy 溜索行程，山高谷深，總共溜了快二十次，自從那次嚇破膽之後，我就對這種活動興趣缺缺，所以今天也不打算參加，只巴望著 Café tour 的尾聲能喝上一杯好咖啡。

義式濃縮咖啡機
磨豆機（錐整碾壓式，非研磨機）
放咖啡渣的容器
壓粉器

塞風壺（日本 Hario 牌）
濾泡式咖啡器具（圓錐形）
秤
愛樂壓
磨豆機
濾泡式玻璃壺
法式濾壓壺
濾泡式咖啡壺（塑膠製）

負責沖煮咖啡的 barista（咖啡師）曾在瓜地馬拉市受訓二十日，也不斷進修相關知識，並與日韓交流。只是與咖啡相關的器具在桌上一字排開，我選了濾杯的沖泡方式，豆子則選了有機水洗咖啡豆，這是我最喜歡的、也是最簡便但需要功力的沖煮方式，咖啡師精準進行每一道程序，絲毫不馬虎，這杯咖啡有著柑橘芳香 135 帶果酸的口感在喉間回甘，是瓜地馬拉最好喝的咖啡。

結束完咖啡之旅,我散步到大馬路去等巴士回 cobán 柯班,坐在雜貨店前的階梯上,一邊研究 4G 的電話卡廣告,一邊看經過的人車,我看他們,他們也在看我。

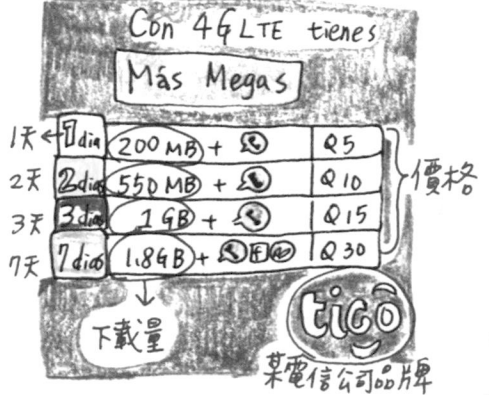

Con 4G LTE tienes Más Megas			
1天←	1 dia	200 MB + 📞	Q5
2天	2 dia	550 MB + 📞	Q10
3天	3 dia	1 GB + 🌐	Q15
7天	7 dia	1.8 GB + 🌐📶	Q30

下載量

tigo ← 某電信公司品牌

價格

就研究一下咩!
我就是有研究精神啊!

你又沒有要買 sim 卡,幹嘛看那麼仔細?

根本沒有等很久,我就在雜貨店老闆娘的提醒之下,迅速跳上返回 cobán 柯班的巴士。

很多載木頭的卡車經過

Go 442 BJP

為什麼這裡的女人可以頭頂著大臉盆卻不會掉下來?

因為德國人曾在柯班附近引進 Cardamomo (小荳蔻)的種植,所以小荳蔻糖是柯班的名產,我買了一包來吃,有各種口味,非常好吃的末糖果。

Caramelos con Cardamomo y Arándanos

Casa
Dieseldorff
Desde 1888

小荳蔻糖好吃

Caramelos

136　← 本地名店!

7月30日 (二) 拜訪有機茶園

當然，按照慣例，在巷口先買水果來吃，不過我太早出門了，老闆娘的水果還沒切好擺出來賣，因為她正在幫家人準備綜合水果杯，原來她家也是賣水果的，為了表示支持，我買了一杯Q5的綜合水果杯。(我覺得這個水果攤對我

Q.5
— 西瓜
— 鳳梨
— 蜜瓜
— 楓

而言，有一種神奇的控制力量，只要經過了，就會不由自主地掏錢出來買！)。因為要去傳統市場附近問如何搭巴士去 Chirrepeco，所以順便在傳統市場附近吃了早餐，順便看了節慶遊行。

早餐：shepitos
(忘了價錢)

打開後 ➡

用葉子包裹的玉米粽

玉米粽裡包了豆子，淋上莎莎醬

飲料是剛煮好的熱飲 Atol con leche 一種加牛奶一起煮的玉米飲料。

早餐店老闆娘瞄到我的筆記本上寫了 Chirrepeco 這個地名，很熱心為我指路，還在筆記本上寫下搭車地點。

Puente chiu para de los buses de chamelco.

↳ 車資 Q3

→ 前往 Chirrepeco 茶工廠，必須到 chiu 這座橋旁邊去搭前往 chamelco 的車，約5分鐘就到了。 137

茶園的名片。

紅茶的
小包裝盒
（展開）.
包裝復古
又特別.

我在茶工廠買的小包
裝茶，共有8小盒，每一
小盒的茶葉差不多可以沖一壺，我剛好帶了多年前在
138 葡萄牙買的濾茶用具，用鋼杯煮一大杯，以茶香陪伴我看書、
寫日記，剛剛好。

COOPERATIVA AGRICOLA INTEGRAL CHIRREPEC. R.L

COBAN ALTA VERAPAZ GUATEMALA. C.A.

← 這是茶工廠的
圖騰。

馬雅人認為世界的
中心是 生命之樹 Ceiba 塞爾巴樹,
由此樹向四方延伸,故馬
雅十字架是
對稱等長的

石灰岩洞穴前 放了儀式用的十字
架,還有一個木頭做成的像拱門
的東西,十字架後方還有一些祭祀用
的瓶瓶罐罐。這個十字架是馬雅
十字架,而非基督教的十字架,馬雅
十字架是上下左右對稱的。

行程參觀費用 Q60
參觀項目:

1° 參觀有機茶園 (鄉間
步道景色優美,空氣清新)

2° 參觀馬雅原住民常舉
行祭典儀式的石灰岩洞穴

3° 解說茶葉加工製造過程

4° 飲用品嘗有機茶.

解說人員是一位母語為 q'eqchi
的馬雅原住民,她告訴我
"Chirrepeco"這個茶品牌名稱其
實源自 q'eqchi 語,意為"beside
the cave" (在洞穴旁邊)

Chirre - a la orilla
pec - Piedra
+
Idioma q'eqchi

這個茶園最早在 1903年由
德國人引進茶樹栽培,老
茶樹有超過百年的歷史了。

解說員為我準備了安全帽及照明用具，引領我進入石灰岩洞穴探險。安全帽果然是必須的，因為洞穴十分狹小，我不止一次撞到頭，還好有安全帽保護，洞穴裡有鐘乳石及晝伏夜出的蝙蝠。石灰岩洞穴是馬雅人心目中的神聖之地，深入石灰岩洞穴猶如深入大地的心臟。

超級美味!

在路邊買了酥脆的炸香蕉片. Q2

玉米餅通常用布蓋著.放在籃子裡保溫.給了四片.但我只吃了兩片

蔬菜(馬鈴薯及瓜類等)

午餐:caldo de pata
(家者腳部湯)

米飯

Q25

芒果汁

吃完午餐後，去超市領錢，然後去一間安靜的小店（也是我的愛店！）喝咖啡，這間店除了可以用餐及喝咖啡，還販售許多本地特產。

咖啡&餐廳 Xkape Koban

喝完咖啡，散步回旅館睡午覺，迷糊中，聽到叩叩叩叩敲打門窗的聲音，這幾天清晨老是傳出這樣的聲音，但我房間在二樓，窗外是香蕉樹、酪梨樹，根本沒有人……，我從床上跳起，打開窗簾，總算被我抓到現行犯!是一隻黑色笨鳥，敲打窗戶後就立刻去樹後面躲起來，可惡!真想拿石頭丟牠!

140

7月31日 (三) 內戰女英雄孟殊

清晨五點半，那隻黑色的笨鳥準時來敲窗戶叫我起床，我觀察過窗邊，在牠駐足的鐵窗邊，留下了牠拉的鳥屎以及一堆咖啡豆，印尼有高價的貓屎咖啡，或許我應該展開新環境新商機，推出鳥屎咖啡，或許可以發大財！

賺得去，錢進得來，
Peiyu 發大財！

那我的不就是狗屎咖啡了。

咖啡濾網

我用旅館房間內的咖啡機，以及前天買的咖啡，為自己煮了提神咖啡當早餐，準備展開移動旅程大奮鬥。

六點半出門時，那個巷口水果攤居然已經出現，於是我又掏錢買了兩片哈蜜瓜，邊走邊吃，拉著行李走到北站去坐車，下一站，該往何處？其實前幾天初到cobán柯班時，我就一直在考慮，在我住的旅館一樓，有一塊看板，寫了各種為觀光客提供的 shuttle bus 的價格，cobán→Panajachel Q175，cobán→Antigua Q125……，舉凡觀光客想去的景點都有提供服務，只要搭上了，就可以一路順風又舒服。然而，我究竟應該選擇什麼樣的路，我想看的，是怎樣的瓜地馬拉？我最終放棄了乘坐 shuttle bus，而選擇 local 的交通工具，選擇向西行的一條爛路，因為我想多看幾眼真實的瓜地馬拉。141

接駁巴士

旅遊書上寫著從 Cobán 柯班
往 Uspantán 烏斯帕坦的路況
不太好，雨季須小心山崩，我早
有心理準備路況可能不太
讓人覺得舒適，因此不敢
吃早餐，怕胃不舒服，一路上
只吃了幾顆小荳蔻糖。因為提
早出發的關係，不到上午土點
我就抵達了 Uspantán 烏斯帕坦，
其實一路上的風景很美，車子在
碎石路上奮力向上爬升，我只

Cobán → Uspantán   Q30
3小時，路況很差，有一半的路
是沒有鋪面的爛路，不知是路爛
還是車爛；我只覺得五臟六腑
都被震到位移了！

覺得自己與另一邊山巔的藍天白雲是齊高的！唯一比
較令人覺得傷心失望的是在這遺世獨立的山林原野
中，見到好幾處垃圾成堆掩埋，猶如垃圾山的痕跡，
如同許多發展中國家一樣，這個國家過度使用一次性
塑膠製品，卻同時也欠缺解決垃圾問題的能力。
我應該在 Uspantán 烏斯帕坦轉車前往 Nebaj 聶巴赫，
那才是我的目的地，但我決定在 Uspantán 烏斯帕坦
142   住一晚，即使這裡看起來什麼都沒有！

Hotel "Don Gabriel"

Hotel Don Gabriel
單人房，附衛浴，熱水，wifi
乾淨安全安靜，每晚 Q120
(但有停水狀況)

較小的炸雞連鎖店
pollolandia

瓜地馬拉人不能
沒有玉米餅，因此就
算是炸雞店門口，也會有人
現做現賣玉米餅

玉米糊↓

Q11

Pechuga 炸雞
(雞胸肉部份，整塊)，
我沒有點套餐，因為
套餐我吃不完，在瓜地
馬拉這個月我的食量縮
小了(我覺得瓜地馬
拉人吃得漏少的)我去隔壁
小店買百事可樂來配炸雞。

憑著當背包客多年經驗所培養
出來的直覺，我迅速找到這個小
鎮最具規模的旅館，放好行李，
就出門撫慰快餓壞的胃。

停留 Uspantán 烏斯帕坦
最大的目的，是想到這裡
的旅遊中心詢問有關
前往 Laj Chimel 拉赫奇美
的行程。和這個行程有
關的網頁已經搜尋不
到了，我期待可以在離
Laj chimel 很近的城鎮
可以問到一些訊息。而
希望前往 Laj chimel 拉赫奇美，是
源自我在圖書館曾借過的一本
英文童書 —— The girl from chimel,
作者是 Rigoberta Menchú，孟珠
是瓜地馬拉的馬雅原住民婦女，
曾獲得諾貝爾和平獎。　143

Rigoberta Menchú 孟殊

小檔案：1959年出生於 Quiché
基切省高地的 Uspantán 烏斯帕
坦附近的小村莊 Laj Chimel 拉赫奇美。
在農村成長，過著典型馬雅婦女的生活，
也曾到咖啡園打零工，並當過女傭，
1970年代後期，瓜國內戰扭轉她的
命運，其父親、母親和兄弟在瓜國政府
剷除農村共產主義的行動中喪生。孟殊
後來參與激進組織，積極爭取原住民權益，遭政府驅逐，
流亡至墨西哥，在那裡，她出版了自傳，揭露印第安人的苦難
和頑強抗爭，引起國際關注。1992年，孟殊被授與諾貝爾
和平獎，她以120萬美元的獎金創立基金會，致力於原住民、婦
女之權利及文化多元發展，瓜國馬雅原住民視孟殊為驕傲，
然而聲譽亦使她招致批評，2007年她競選總統，卻低票
慘敗收場。

孟殊所成立的基金會，也在其出生地 Laj Chimel 拉赫奇美
推動社區旅遊，但鎮公所職員告訴我這裡的旅遊
中心早就裁撤，不過他們仍很熱心地畫地圖告訴我
如何前往拉赫奇美，但那必須徒步1.5小時，穿越迷
144　霧森林，基於安全考量，我不得不放棄，但至少我來問了。

↑ 從圖書館借的童書

鎮公所的職員以為我是日本人，特別找來一個在當地當了七個月志工的日本女生給我認識（每次碰到日本人，我就會後悔以前沒有好好學日文……唉！），我們用一半英文、一半西文交換訊息。她的西文是在安提瓜 Antigua 學的，目前在這裡從事醫療相關的志工服務，她開玩笑地問我是否會把西文和英文搞混，不管是單字……，我說怎麼可能不會呢？我把兩種語言混雜在一起，變成了 spanlish（espanglish）她聽了哈哈笑說她也是，難怪我們聊起天來，可以秒懂對方的意思！因為我們都錯亂。

- spanlish = spanish + English
  西文　　英文
- espanglish = español + English
  西文　　英文

有漂亮花邊及刺繡的上衣

寬版彩色腰帶

不同花紋的布圍在腰間，成為類似直筒裙的裝扮

▲ 當地女生穿著傳統服飾，是一幅最美麗的風景

這座白色教堂聳立在中央公園及主廣場旁，不遠處是傳統市場。當地人聚集在此散步聊天。

實在擔心我的英文大退步，但我英文很破，退也退不了多少。 145

8月1日（四）聶巴赫節慶一瞥

我的旅行正式突破一個月大關，感覺時間過得好快，今天的移動行程是非常輕鬆的移動，預計最多兩小時就可抵達。特別是昨天日本女生向我預告，前往Nebaj聶巴赫的路都是鋪面良好的好路，不是爛關路，於是我就很放心地睡飽飽、睡晚晚，然後去對面餐廳吃了一頓香蕉豆泥加玉米餅及炒蛋的傳統早餐，順便喝了一杯不怎麼樣的咖啡，奇怪？難道瓜地馬拉大部份的好咖啡都出口了嗎？我在這裡喝到的咖啡都無法令我覺得心滿意足。今天清晨還掌握時差遠端遙控並回覆學生寫專題論文的疑問，像我這樣像蜜蜂一樣勤奮的好老師（有嗎？）難道不值得一杯好咖啡嗎？老實說，我有點怕她們line我，不過，換個角度想，她們應該更怕我line她們，問進度如何？哈哈～真是彼此折磨的師生，只能祝福她們了！

請給好老師一杯好咖啡！

好老師應該是留在學校加班吧！

從Uspatán烏斯帕坦到Nebaj聶巴赫的路除了山路比較彎曲，中途要換車之外，一切順利無比，一邊聽著司機放的美妙拉丁音樂。我一邊想著台北的家巷口的麵攤的滷味以及水煎包，為什麼出門旅行前沒有去吃呢？好想吃。

146

五九

手上拿著這5毛?給小車鎮公所職員馬?給我的車票並說明，司機一看就不怎懂我要去哪下車。

① 在烏斯帕坦搭搭前往 Quiché 基切的迷你巴士。Q15，約?45分鐘，在 El entronque 下車。

② 其實，到 entronque 是一個三岔路口，
而我就在馬路的正中央，進入等行李被放
到另一部車。

出錯：
Ulpantún
烏斯帕坦

45 minutos
↑

Lunen
夸特?

Q15
el entronque

三岔路口
往烏斯帕坦
中央搭車

Soccapulas
薩卡普拉斯

目的地：
約三岔路口180m
nebaj
那巴吉 中心搭捷

Q10
↑
nebaj
那巴吉 中心

Quiché
基切

③ 從不平地，那部B車不是迷你巴士（我比較
喜歡搭迷你巴士），而是 chicken bus 野雞巴士，
我不喜歡坐位狹窄的 chicken bus，不過這兩種 chicken bus 的座位坐有改許過，
座位較寬，才不是我又擠了起來，車資 Q15，約?一小時抵達那巴吉的巴士站。

感謝名? 大?德?的助?疑見光名野車，不過迷在三岔路口馬路的正中央
搭車也太刺激3吧！迷你巴士與 chicken bus 明明車頂有高度差，他
們都可以空地交接行李，外加卸下一堆鐵小條，真是?來?糟見止。

抵達 Nebaj 轟巴赫時，憑著直覺離開公車站，走到教堂及中央公園的廣場，突然看見廣場滿滿全是穿著傳統服飾的當地婦女，並有許多穿著類似神職人員的人走來走去，似乎是正在舉行什麼慶典儀式。

這裡的男人似乎很流行戴牛仔帽，看到不少人戴。

穿著白色長袍的一群男人走入教堂。

小朋友們，無論男女，穿著紅色長袍，外罩白色罩衫。

有的男人身上還披掛著長圍巾。

我詢問路邊賣手錶的小販，他告訴我，今天剛好有一個宗教活動，我聽了大喜，立刻在中央公園旁的街廓找到一間還不錯的旅館，把行李放下，立刻衝到教堂觀看活動的進行。這個月在瓜地馬拉看到的教堂幾乎都是漆成純白色，映照著當地婦女鮮豔多彩的上衣及紅色長裙，份外鮮明美麗。

也是白色教堂！

148

馬林巴為鍵盤敲擊樂器，木鍵下方有共鳴器，以琴槌敲打產生旋律，尺寸有大有小，小則1~2人演奏，大則可十幾人合奏。

琴槌

琴鍵

COLEGIO PAXIL

下方這些管子是共鳴器。

Marimba馬林巴是瓜地馬拉傳統樂器，在很多節慶活動都可以看到它的身影，假日也會有人在街豆頭演奏賣藝，有學者指出，此樂器源起於非洲，因黑奴遷移而流傳至中南美。瓜國西北部的Santa Eulalia以生產馬林巴琴聞名，當地的hormigo樹木是製作琴鍵的絕佳材料，有興趣可以去參觀，這個馬林巴琴有馬雅四方位的裝飾。

馬雅人認為玉米是很重要的，神起初以泥塑人，但遇雨融化，用木刻也不成功，後來用玉米創造了人，玉米有紅、黑、黃、白四種顏色，他們也用這四種顏色代表方位，（紅→東，黑→西，黃→南，白→北）

※圖顏色沒畫錯，東和升起的太陽有關，故在上方，西方則是向下的落日.

149

穿著傳統服飾的當地婦女,是最大的亮點

婦女們忙著用柴火煮玉米粽和豆子,並以小容器分裝,讓大家領取。

用陶碗裝的醬汁　玉米粽　玉米粽

用大鐵鍋煮豆子,有十幾鍋

煮好的玉米粽用布包著保溫　放玉米粽葉的臉盆

用兩塊方形石頭立起來架上鍋子,用木柴燒火,現場架了十幾鍋

共Q8

加了美奶滋及番茄醬

草莓牛奶　enchiladas（我點雞肉口味）

上面撒了白芝麻

150

看完節慶,我去市場喝草莓牛奶,瓜地馬拉的草莓很便宜,我常點草莓牛奶來喝,再加點一份 enchiladas,這是用油炸過的大玉米脆片,塗上美奶滋,鋪上餡料（生菜、洋蔥,或豆泥、雞肉、牛肉任選）,enchiladas 是我很愛的午后小點心。

再去咖啡館點一份 plátano en Mole,香蕉水煮後淋上巧克力醬(Mole),Mole 醬是源自墨西哥,這裡常見到用 Mole 醬搭配雞肉(是的,雞肉配巧克力醬),也搭配水煮香蕉當點心吃。

8月2日 (五) 傳統服飾驚豔記

我住的旅館 Hotel Turansa 單人房附衛浴. wifi. 熱水. 安全. 但近街道有一点吵. 但可接受. 一晚Q85. 安全乾淨.

早上醒來才發現停電了, 先洗了衣服, 上頂樓晒衣, 旅館的清潔婦正在手洗一大堆床單, 她苦笑著說停電了, 無法使用洗衣機。下樓經過門房, 門房的先生與我閒聊, 後來他問我有什麼學英文的祕訣, 因為他正在學英文, 擁有破英文的我這輩子第一次被問如何學英文, 於是立馬把 ipad 裡的英文及西的 podcast 節目存檔秀出來, 分享語言白癡的學習血淚史, 哈哈哈, 覺得十分驕傲。之後, 去旅館斜對面的 chiantlepuita 餐廳吃玉米餅豆子炒蛋等傳統早餐, 他們的豆子是自己煮的, 不是買超市的現成豆泥, 很好, 且咖啡可免費續杯, 因為座位舒適, 吃飽後, 我在那兒讀了一小時的旅遊指南。在加拿大教法文的法國人 Celine 昨天飛來瓜地馬拉了, 她是我前年及去年念西語學校的同學, 去年還租了同一地點的房子, 她提了一個想去的景點, 並問我何時抵達 Xela 碰個面, 這讓我陷入苦惱, 因為我還沒計劃好下一站要去哪裡? 只好快看書。 151

又稱:克薩特南果

Receta（食譜）：水煮大蕉（公香蕉）

1° 取一根 plátano（大蕉，公香蕉）

2° 切段，連皮！（皮不要剝）

3° 放入水中煮，丟一些肉桂片，煮熟即可！ ← 和糖

4° 食用時，將皮剝掉即可！

這是西語學校寄宿家庭每天都會吃的東西

今天的早餐裡面有水煮香蕉！

清晨就發現停電了，到中午電都還沒來，很多店家啟用了發電機，這就是瓜地馬拉的日常，這麼樸實無華。

半果頂檸檬

Q5

竹籤

加了 pepita 及 chilly（辣椒）

用透明塑膠杯裝

照例又去水果攤報到，今天買的是芒果，瓜地馬拉的芒果很大顆，削成一片片裝在杯子賣！並加了 pepita（瓜籽粉）及辣椒粉、檸檬，芒果的口感偏酸澀。

pepita，又稱 pepitoria，是怎麼來的呢？

來源：Cazabaza（瓜），或稱 ayote（瓜）或 Chilacayote 筍瓜

將這些瓜的籽取出晒乾，去殼、烘乾，磨碎，即成 pepita.

152

＊資料來源：我的西語筆記（老師教的）

旅行最大的優點是有充裕的時間做平時沒時間做的事,例如:追劇、和朋友聯絡……;為了108課綱的教育改革,在台灣時,我幾乎泡在寫教案的無止境惡夢,我覺得自己好像永遠睡不飽。出門之後,終於有時間和朋友聯繫,從法國、荷蘭、墨西哥,以到到同住木柵當鄰居卻沒時間講上幾句話的朋友,不管是住國外、或住台灣的朋友,這是我一年之中最有空和他們聊天的時候。不過,昨天笨晴嚴厲譴責我在 Uspatán 烏斯帕坦時,不到土點就半途而廢,拖著行李去住旅館,這種行為是——<u>偷懶</u>!這真是精準的用詞,被她刺激之後,我決定今天要積極向上,搭迷你巴士去附近的聚落晃晃。

我出門的目的就是為了偷懶!

你太偷懶了!

查戶爾
Chajul

Cotzal
可薩

Nebaj聶巴赫

Nebaj → chajul, Q7 40分鐘迷你巴士
Nebaj → cotzal, Q6. 30分鐘迷你巴士
(在 Hotel Villa Nebja門口搭車)

Nebaj、chajul、cotzal 位於
(聶巴赫) (查戶爾) (可薩)
Cuchumatanes 山區,被稱
為 Triángulo Ixil (Ixil三角地
帶),此地居住著說 Ixil語
(三角形之意)
的馬雅原住民,維持傳統
生活方式與服飾特色。從
Nebaj聶巴赫前往 Chajul查
戶爾及 Cotzal可薩的交通
十分方便。

這個被稱做 Triángulo Ixil 的地區，曾在瓜地馬拉
<u>Ixil三角地帶</u>
內戰中遭受類似種族清洗的屠殺命運，約85000人
中有25000人被殺害或消失。內戰結束後，NGO團體
持續在此進行醫療、教育、協助婦女就業等工作，之前，
我的西語老師藉著 教我<u>瓜地馬拉歷史</u>來教 我文法
中的<u>過去式</u>，為了復習這段歷史，我把西語筆記抓出
來再看一次。

1821/9/15	瓜地馬拉脫離西班牙統治
1824－1839	為中美洲聯邦的一員
1840	完全獨立
1841～1871	保守派⇒保留莊園權益
1871－1944	致力於經濟現代化，美國的聯合水果公司

United fruit company 大量收購瓜國咖啡、香蕉
(Banano)莊園，並設置軍隊，介入政治(約20世
紀初聯合水果公司及獨裁總統控制瓜國)

1944	推翻獨裁
1950-1954	瑞士裔 阿本斯 Arbenz 總統進行土地改革．
1954	美國不滿阿本斯之土地改革，以反共名義打擊阿

本斯並推翻其政權，阿本斯總統流亡，
Castillo Armas 阿馬斯上台，獨裁專政，背後
有美國支持。

154 | 1960-1996 | 不滿阿本斯被推翻的農民 組成游擊隊，

真不知當初的我是
如何把這些詞彙吞下去的！

我覺得
你可以去
賣西語
筆記了

展開36年內戰，瓜地馬拉軍隊對馬雅人迫害行為幾近種族滅絕。☆關鍵字：Xenofobia 排外主義 racismo 種族主義，很多記者慘遭殺害或消失。直到1983年後才減少迫害，1985年展開另次大選情勢才緩和，但深受36年內戰傷害的瓜地馬拉經濟受創，至今仍存在貧富不均之問題。

先前P.144提及的孟殊的故事，就是以此時代為背景

chajul 婦女穿著

繞頭一圈的髮飾
El Ixcap

圍巾 tapada

裙子 Corte

彩色毛線球

嬌如錢幣串成的長耳環（本地特色）

上衣 Huipil

彩色串珠長項鍊

寬版腰帶 faja（婦女會把手機牢牢地插在這個腰帶裡面）

上衣 Huipil

上面有許多繁複的刺繡，包含幾何圖案及蟲魚鳥獸、星月森林……

裙子 Corte

Nebaj 聶巴赫及 chajul 查戶爾的婦女都穿紅色長裙，其實它只是一塊很長的布，所以要用腰帶固定

圍巾、長方巾 tapado

會披在肩上，也會摺疊平放在頭上，也可拿來包東西

腰帶 faja

有美麗多彩的刺繡，寬版，材質有點硬很長，可在腰間繞很多圈

髮飾 El Ixcap

如果是綁辮子稱做 Cindas 會混入彩色絲線，不過 chajul 的婦女流行用毛線球在頭上繞一圈

155

婦女在自家門口，將簡易織布機一端架在屋樑上，坐著就開始織布

老實說，站在 chajul 查戶爾市集中的我，只能用「目瞪口呆」來形容，把市集的照片傳給在荷蘭讀書的 miko，她很吃驚地回覆：「wow，她們平常就穿這樣上街買菜喔！也太漂亮了吧！」我深深覺得，來到這偏遠山區的小市集之後，那個傳說中的中美洲最大市集 chichicastenango 奇奇卡斯特南果真的可以不用去了，奇奇卡斯特南果太觀光化了，而這裡，到處都是販賣傳統服飾、頭飾的商店，婦女們在商店挑選比劃（我實在很難看出裙子全部都是紅色的，差別到底在哪裡？）。這些民族風的東西都不是賣給觀光客的紀念品，而是當地人真實的生活。

Q70

袖口通常不縫死，留得滿寬的，讓客人依手臂粗細再車線。

我也忍不住買了一件 Huipil，當地婦女穿的 Huipil 都有精緻的刺繡，但我買了低調的黑色上衣，上面只有簡單的幾何圖形刺繡，我不敢買太華麗複雜、太民族風的，我怕回台灣會穿不出去

156

LaNeveria

我現在都不買貴貴的 Sarita 牌冰淇淋，改買這一牌，比較便宜，餅乾甜筒加一球冰淇淋，只要 Q8

8月3日（六） 編織文化的傳承

本日是不偷懶行程,先去大商場的一間服飾專賣店買衣服,但那間店居然沒開,只好轉戰傳統市場,我也想買當地女生那種紅色的裙子,可是我想買改良版的,可以不必用腰帶。我覺得我回台灣應該不敢用花色鮮豔的腰帶,且那腰帶雖是寬版,卻讓我還是很沒安全感,我怕裙子會掉下來!

本地傳統裙子

一塊紅布
只是一塊布

→ 腰帶

繞幾圈後纏上腰帶

wow......
una falda......
一件裙子

全是紅布

quiero un corte
......
我要一條裙子
pero.....但是.....
Paiyu no necesito faja...
的破西文 不需要腰帶.....

於是我去攤位用西文向老闆娘說我想買那種不需要綁腰帶的裙子,她秒懂,並告訴我,要綁腰帶的傳統裙子叫做 corte,而改良過的一般裙子叫做 falda (西:裙子)。於是我買了一條傳統花色的一片裙。

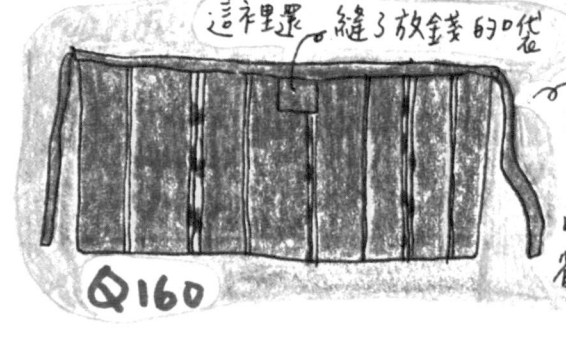

這裡還縫了放錢的口袋

Q160

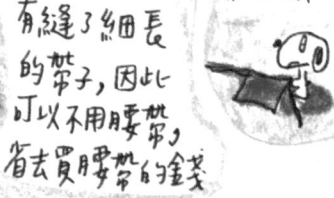

裙子兩端有縫了細長的帶子,因此可以不用腰帶,省去買腰帶的錢

女人啊!就是敗在衣服上!真是愛買!

157

Centro
Cultural Ixil

Mercado
de
Artesanías

NEBAJ - QUICHÉ

Peiyu

158

這間 Centro cultural Ixil
(Ixil 文化中心,同時也是一個賣手工
紡織品的市集 Mercado de Artesanías),在 2005年
7月成立,主旨在協助 Ixil 地區(含 Nebaj, Chajul 及 Cotzal.
　　　　　　　　　　　　　　　　　內巴赫　　查户爾　　可薩
三角地帶)的文化、旅遊及藝術等方面的工作。我到
這棟建築物一樓的旅遊中心去詢問健行訊息,和工作
人員閒聊中,他告訴我 8月10-15日這裡將有節慶活動,
　　　　　　　　　　　　　　　　Virgen de la Asunción
會有盛大的面具舞蹈,他還展示及說明那些面具給我
看,真可惜那段時間我已經預約了克薩特南果
　　　　　　　　　　　　　　　又稱:Xela 雪拉
Quetzaltenango 的短租房間,而且也和 Celine 相約在此面。
取消約定是我不願意做的事,且我也不喜歡走回頭路到
同一個地方,只好忍痛錯過我一直都很有興趣的節慶
活動,這個建築物一樓是手工藝市集,販售當地婦女手
作的紡織品,現場也可看到婦女織布。　　　159

馬雅人在紡織過程中，將他們對宇宙,時間,神靈、宗教,方位、自然萬物的概念,一一織入圖案中,代代相傳。不同的圖案,有不同的象徵意義。

因為市集中的紡織及刺繡工藝品實在太吸引人了,令我流連忘返,忍不住又掏錢買了一件花色較不繁複但手工精緻的刺繡 Huipil (上衣)。

袖口會留寬度,讓人依手臂粗細調整縫線.

Q100

菱形圖案代表天地宇宙

Q1

忍不住向用手推車賣冰淇淋的小販買了一支冰淇淋來吃

Q4

溫差好大,中午好熱

160 我又跑去買一支優格草莓冰棒

今天的重點行程是坐車去 Cotzal 可薩,但我卻逛街逛到12點才出發。

Cotzal 可薩這個小村的服飾和 Nebaj 轟巴赫及 chajul 查戶爾有很大的不同, Nebaj 轟巴赫. 及 chajul 查戶爾 的女人都穿紅色長裙, 而 Cotzal 可薩 的女人穿著花色眾多、帶有斑紋的長裙,男人有些穿紅色外套。

記得西語老師跟我說過,瓜地馬拉各地區的馬雅部落服飾有別,並非由古代傳承至今,那是因為西班牙人殖民時,實行監護人制度,為了統治方便,並區分不同統治區域,故規定不同村子的馬雅人要穿屬於該村落的「制服」,

而這些不同村落的制服，就成了辨識的依據，也成了今日不同村落的特色服飾！有一次，西語學校的課外活動是參觀服飾博物館，老師怕我聽不懂解說，還事先教我基本單字及相關知識，我今天還特地再把筆記找出來複習，感覺老師好像跟我一起旅行似地。然而，我在市場旁邊也有看到二手衣的攤位，老闆對我叫賣，一件二手衣居然只要Q1~Q5，比起市場內那些動輒好幾百的傳統服飾，二手衣真的便宜太多了。我上學期曾做過一個二手衣的教案，參考了一部影片：「二手衣去哪了？」其中，非洲國家人民擔心廉價二手衣不但有傷國民自尊心，且有可能取代傳統服飾，讓文化消失，我也很擔心這裡會發生同樣情形。

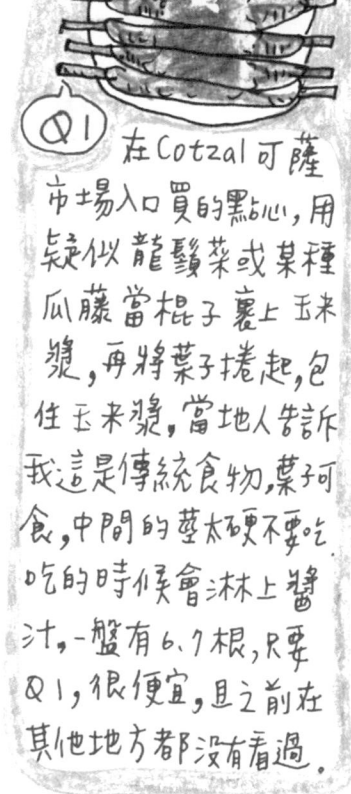

Boxibol

Q1

在Cotzal 可薩市場入口買的點心，用疑似龍鬚菜或某種瓜藤當棍子裹上玉米漿，再將棍子捲起，包住玉米漿，當地人告訴我這是傳統食物，菜阿食，中間的莖太硬不要吃，吃的時候會淋上醬汁，一盤有6、7根，只要Q1，很便宜，且之前在其他地方都沒有看過。

用布巾背著小嬰兒

嬸女或蹲或跪，在如小山丘般的二手衣中翻找。

161

記得在瓜地馬拉市曾參觀過 編織女神博物館 (奇怪？明明是上個月的事，怎麼我覺得好像過了好久好久？只能說，在旅途中，新奇事件發生的頻率與密度太高，生活中的種種，對我而言，就像是全新的體驗，滿到快溢出來了，超過我腦袋裡的記憶體容量太多太多)，在博物館裡的展示品讓我驚嘆連連，但是，最讓我驚豔的是這些庶民生活日常，那些刺繡圖騰並非已成為過去，也不只是博物館中永遠靜止的陳列，而是活生生地在面前展現，它們的存在也不是為了表演，它們是在用生活中的重複與實踐，承續著民族的文化慣習與精神，不知不覺地，代代相傳。

這間 EL SIM 餐廳，就在中央公園旁的現代化商場中，我每天來喝咖啡。

喝完咖啡，又點了 CABRO 啤酒，這個牌子是在 Quetzaltenango 克薩特南果生產的，風味不錯。

Nebaj 聶巴赫海拔1900公尺，午后一、二點會下雨，只要下雨，氣溫會變低，記得西語老師說過，在高地區，夏天因為是雨季，所以夏天的氣溫反而比冬天低。搭車回旅館，清潔媽媽在下雨前已先幫我收了衣服，我放心地出門喝咖啡，現在已無法穿涼鞋出門閒逛，因為太冷了，晚上也得蓋兩層毯子才行。

8月4日（日）高地部落型男穿搭

今天又是移動日，為了不讓笨晴說我偷懶（雖然那早已是事實！）我決定積極一點，往下一個景點移動，且在昨晚一邊喝咖啡、一邊研究了交通路線及相關旅遊資訊，機會是留給準備好的人，而像我這種常常沒準備的人，就只會在同一地點混好幾天，且常常在某些事發生後才頓時覺悟，然後深深覺得～「千金難買早知道」！

Todos Santos 海拔2392m
cuchumatán
托多斯桑托斯庫丘馬坦

Nebaj 聶巴赫

阿瓜卡坦
Aguacatán

Sacapulas
薩卡普拉斯

Huehuetenango
薇薇特南果

Nebaj → Sacapulas　Q15, 40 minutes, 迷你巴士
Sacapulas → Aguacatán , 40 minutes ⎫
Aguacatán → Huehuetenango, 40 minutes ⎭ 共Q20, 迷你巴士
Huehuetenango → Todos Santos cuchumatán, Q20, 2hrs, 中型巴士

因為路況難預料，我六點就出門坐車，一路上，憑藉著善良的瓜地馬拉人的幫助，交通簡直是無縫接軌。除了從薩卡普拉斯 Sacapulas 很倒楣地坐上了一部疑似快故障的迷你巴士，車速比嘟嘟車還慢，我只能苦笑安慰自己，在這麼陡峭彎曲的山路，開慢一點才安全（不過它也實在太慢了……）。所幸過了約20分鐘，它的引擎可能暖身操做夠了，終於恢復應有的速度，我一直告訴自己，慢沒有關係，不要半路壞掉就好，我可不希望在荒涼的山路等待下一部車經過。

163

在 Aguacatán 阿瓜卡坦換車時，發現這裡的婦女
穿著特色是在 huipil (上衣) 下襬縫上三角狀的蕾絲。

白蕾絲

約十點半，我順利抵達 Huehuetenango
薇薇特南果，迷你巴士先穿過市中心，
然後停在一個加油站旁，並未如我
所願地前往巴士總站，後來司機幫我攔了一輛準備
去總站載人的空的迷你巴士，請對方免費載我一程，
莫名地，我就被載著繞了市區大半圈。Huehuetenango
薇薇特南果這個地名我相當熟悉，在台灣，我經常
買到來自這個產區的咖啡，常常幻想這個浪漫的名字
會才擁有什麼樣的風景？然而在市區巡禮之後，我直覺
這是一個無聊，有點混亂甚至感覺不太安全的地方，最好
趕快閃人。然而前往 Todos Santos cuchumatán (簡稱
Todos Santos 托多斯桑托斯) 那種坐滿才開的迷你巴士
"庫丘馬坦"在當地馬雅方言(Mam)意指"山脈"
停駐於城市某個特定街角，我懶得研究路線，也不敢
隨便搭計程車，決定在巴士總站等 12:30 發車的巴士。
先把行李寄放在巴士公司，然後出去繞繞，找東西吃，這
個巴士總站十分混亂，耳邊不斷傳來『往 Xela 雪拉
164 的車快開了』的叫吼聲，Xela 雪拉是 Quetzaltenango

克薩特南果的別稱，也是本週六我和 Celine 相約碰面的城市，也許是因為不能預料今天接下來的交通會怎樣？我竟有種想跳上那部巴士：『好吧！請帶我去 Xela 雪拉！』的衝動。困倦的我坐在售票櫃台旁打瞌睡，期間不斷有人來買票，這間巴士公司的票是有對號座位的，巴士公司職員居然是用一個挖了很多洞的木板，插上小木棍來記錄哪個座位已售出，

我的座位是11號，標明11號的小洞插了木棍！

這麼「原始」的方法讓我大開眼界。還有，來買車票的大嬸，先是把手伸進胸部內衣中拿出手機，然後又從同一個地方掏出錢包，我看得瞠目結舌，為什麼她的胸部可以放進這麼多東西？終於等到約七點半，因為票賣光了，巴士先進站讓我們上車，並且將行李全數綁在車頂上，還好這是一輛中型巴士，而不是 chicken bus 野雞巴士。我真的不太喜歡 chicken bus，座位太窄，而且隨招隨停，有安全疑慮，很多搶劫事件都發生在 chicken bus 上，喬裝成乘客的歹徒拿武器要脅，將全車乘客洗劫一空，這樣的新聞我不曉得聽說了多少次？能避則避。

165

然而，沒有想到，這部中型巴士明明座位全坐滿了，還是先
在 Huehuetenango 薇薇特南果繞一圈繼續載客，坐在
門邊的我有點被擠到，但至少我有座位坐，沒什麼好
抱怨的！快繞到薇薇特南果外圍時，上來了一個背包
客，他的背包不大，罩了紅色防雨罩，我們互看了一眼，他就
被擠到後面去了，而我在擁擠狹小的座位上猛打
瞌睡、不定時掏手機出來查看地圖，看距離目的地還有多
遠？山路很小很彎，碰到需要會車時，簡直大排長龍，
但風景優美，價值超越千百萬的美景近在眼前。
巴士抵達 Todos Santos 托多斯桑托斯時，我簡直要驚呆了，
這個小鎮全村都穿傳統服飾，而男人的服飾比女人更
有看頭，連小男孩都穿著小一號的傳統服飾，超可愛。

圓形，窄帽沿的
草編帽，上面綴
有藍色的布邊裝飾
（這種帽子、婦女
也有戴）

帥氣細藍條紋上衣，大翻
領，綴有彩色花邊，領子花邊
襯見托素色襯衫，作工精緻

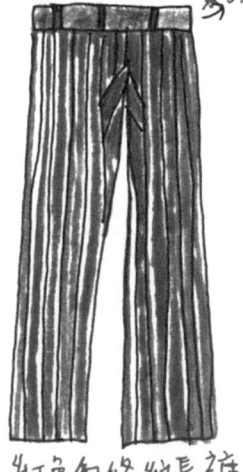

繫皮帶

紅色白條紋長褲

166

這個黑色褲兒是外加在紅色條紋褲之外,但不一定每個男人都有罩上這件黑褲兒,但我不知它有何實用價值,也許是為了防止褲子磨破,因為主要是圍在上半部易破易髒處,且質料較厚。

背長方形沒有加拉鍊的手工編織包,這不是專門賣給觀光客的包,他們真的有在用。

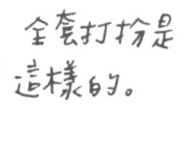

全套打扮是這樣的。

我覺得自己看傻了,我以為自己走到了哪個歷史場景,這明明是 21 世紀了,但他們卻仍然維持傳統的穿著,以緩慢的步調在這與世隔絕的遠山小鎮生活,日復一日,那些全球化、國際衝突、商業模式應該離他們非常遙遠。

167

我暫時收起自己的驚嘆，先下車，然後準備從車頂接下大背包，紅色背包的主人站在我旁邊，我們沒有交談，但接過背包的一瞬間，他幫了我一把，隨後我們各自前往不同的街道。

—有可愛的陽台

—一樓是一間協助當地婦女販售編織品的公平貿易商店。

CASA FAMILIAR

單人, 附衛浴 Q125
單人, 不附衛浴 Q85

有wifi, 熱水又大又熱
地點近廣場, 不過是上坡路, 拉行李有點辛苦, 所以我把背帶調整好, 轉成背負模式, 而不是用拉的。
旅館乾淨安靜, 有個小天井, 可以從陽台看到
168 一樓廚房及餐廳動靜,
他們會在天井大水槽工作洗東西。

憑著直覺, 我很快找到位在廣場附近的旅館, 原本附有衛浴的房間, 向來是我的優先選項。旅館職員讓我看了兩間房間, 附有衛浴的房間桌子放了大電視, 外邊陽台有舒適的桌椅,

而不附衛浴的房間有三張床, 沒有電視, 卻有兩張桌子 缺點是在走廊最底, 我研判應該收不到wifi 訊號, 我非常需要桌子寫日記
而旁邊無其他住客, 衛浴緊鄰房間, 應該只有我使用, 我決定選沒有附衛浴的三人房, 電視對我而言不是必需品, 但桌椅卻很重要, 三張床可以把物品一字排開, 至於上網, 可以拉椅子去陽台沒關係。

放下背包，輕裝出門覓食，走出旅館，碰見那個紅色背包客，他還在找旅館，我指著 CASA FAMILIAR 的招牌，說我住這兒，房間很 ok！他會意後，就走入大廳了。

晚餐，不，應該說是午餐是瓜地馬拉的<u>國民美食</u> <u>Pepián</u>。

記得西語老師說過，Pepián 與 Jacón（吼共）並列為瓜地馬拉重要國民美食，我點了 Pepián de pollo。
雞肉

米飯　雞肉　辣醬

紅色醬汁
美味不辣

蓋在籃子裡用布蓋住保溫的玉米餅，共 4 片

Pepián Q20

吃飽之後，參觀了此地小巧可愛的教堂以及旁邊的傳統市場。然後沿山坡散步，去看馬雅古蹟 Tujk'ma Txun，這是一個目前仍使用的馬雅祭祀場地。

Pepián 小檔案

在路邊攤、餐廳常見的料理，也可以在超市買到調理包，有牛肉及雞肉口味，說穿了其實很像燉牛肉或燉雞肉，<u>醬汁是這道料理的靈魂</u>，它使用的 recado 醬汁，混合了番茄、洋蔥、辣椒、芝麻、南瓜子，並放入香料例如：肉桂、胡椒、....等，味道濃郁，用果汁機攪打成光滑醬汁。

這裡吃水煮玉米，都要塗上美奶滋，並撒上起士粉。

十字架
蠟燭

169

8月5日(一) 馬雅庶民生活重現

我只打算在 Todos Santos 托多斯桑托斯住三天,因為這樣才能再前往另一個小鎮三天,週六才來得及前往 Quetzaltenango 克薩特南果,我和房東約好了那天拿鑰匙比。

又稱:Xela雪拉

今天的重點行程是參觀小鎮的博物館 Meseo Balam?
在馬雅語言中指"美洲豹"

先在旅館一樓餐廳吃早餐,我不喜歡坐在餐廳正式的坐位,反而偏愛天井旁靠近廚房的小桌子,那兒有兩張桌子,一張已經被紅色背包客和另外兩位疑似做田野調查的旅客佔用了(昨天在山坡散步時,我看到那兩名旅客正在一個土堆厝訪問,還拿紙筆記錄!),我在另一張桌子看旅遊指南,點了 mosh 來當早餐。

Mosh con Banano y Granola Q25
(燕麥糊糊)(香蕉)(穀麥)

香蕉
Granola 炒得很香的堅果
穀粒 (例如芝麻)

mosh 一碗
(其實就是燕麥粥)

給了兩包糖,但我只用了一包,當地人很喜歡加很多糖

吃完早餐,我先到旅館一樓的公平貿易商店去挑選紀念品,這裡的編織品都是由當地婦女手工製作,樣式花色令人眼花撩亂,我快要淪陷了,店裡有個告示牌,說明所有收入會直接交給製作的婦女,

170 並感謝那些帶旅客來購買且不收回扣的導遊。

還沒決定好買什麼東西，居然又在店裡遇見芬蘭女生 Marketta，昨天在古蹟 Twk'ma Txun 遇到，簡單用 "Hola" 打了聲招呼，傍晚在街上散步時，我彎進一條小巷，經過 Mam Hotel，她就站在二樓陽台上梳頭。(Mam 是本地馬雅部落的方言，這裡的人都是以 Mam 為母語。Mam 語的聲調很特別，聽起來吱吱喳喳的！) 我們就那樣站著，樓上樓下聊天，真有趣！沒想到今天在店裡碰到，我們交換了彼此的旅遊情報，發現我們的路線幾乎一致，她打算明天前往克薩特南果，在那兒學兩週西政，我問她找好學校了嗎？她說

又稱：Xela 雪拉

沒有，我立刻翻旅遊指南，把之前泰點貼的西文學校簡章撕下來給她，並告訴她那個城市學校很多，也存在價差，告訴她一些選學校的原則，並把之前的租屋訊息、房東聯絡方式、住宿家庭 home 媽資料，較安全的 Zona 1 (第一區) 的小旅館 Casa Seibei …… 等寫在紙上給她，並註記如何從混亂的巴士總站前往較安全的第一區及地名關鍵字。她滿心歡喜地收下之後，要我拿出手機，打開 maps.me，她

手機 aPP

把 La Torre 的健行資訊在我的手機地圖上註記，並在紙上寫下如何從 Todos Santos 搭車去健行步道起點及價格資訊，並說明這是很簡單的大眾健行路線，不易迷路，用 map.me 地圖按路線走即可，風景相當漂亮。

171

和 Marketta 說再見之後，我前往 Meseo Balam（Balam 在馬雅語是豹的意思），不料在途中，被一個穿傳統服飾的男人攔下，他問我要去哪裡？他說他就是 Meseo Balam 的管理員，正要回家拿東西，二十分鐘後回來，要我隨便找個地方等他回來開門。

MESED B'ALAM

Meseo Balam 門口的看板上有隻黃底黑斑點的豹，表情被畫得很憂愁的樣子。

門票：Q25（雖然小小一間，但館長解說很詳細）

說是博物館，不如說是管理員兼館長先生自己的收藏品及自家老照片放在一間木造的本地傳統老房子裡面，2樓是他和太太小孩住的地方，一樓是博物館，旁邊還有他種的玉米和蔬菜。

館長很細心地向我解釋做 tortilla 玉米餅的方法（古法）

Calcio 碳   maiz（玉米）
agua 水

陶甕

陶甕上打了洞將玉米中的水瀝乾。

變軟

將玉米，加水及石灰浸泡，使其容易吸收利用，石灰石在市場有賣，加石灰浸泡有其理論根據。糙皮病是因飲食中缺乏維生素 B3（菸鹼酸）所導致，玉米中雖含有維生素 B3，其形式卻是與蛋白質結合在一起，馬雅人將玉米泡鹼水（例：石灰水），可以切開這個鍵結，有利於人體吸收維生素 B3（菸鹼酸）。

③ La piedra de moler
（石頭）　（研磨）　用杵及石板,將泡水軟化的玉米碾碎.碾得
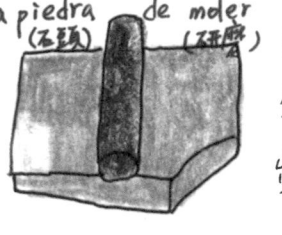
很細,使其成為玉米糰 (masa),不過這個
步驟現在都是用機器!

玉米糰
↙從這裡出來←

④

石灰水
∽用草紮成像
刷子的東西

在烘烤玉米餅
的石板上刷上
石灰水,防止沾黏
(現在多用鐵板)

⑤

啪啪啪!
取一小團玉米糰在掌心不斷塑形拍打 (據說這樣
的話可以保持其濕度,使玉米餅不容易乾掉),拍打成
圓形的玉米餅,約掌心大小, (聽說墨西哥的玉米餅比較大)
在瓜地馬拉大街小巷賣玉米餅的店都可看到婦女們
不斷地拍、拍、拍、十分熟練。

⑥
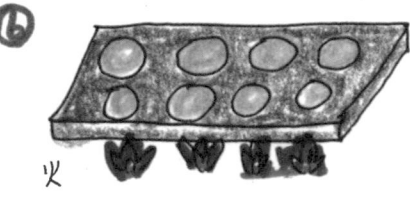
火
將玉米餅以火烘烤,烤好的玉米餅,
為了保持其溫度,會用布暫時蓋住。
及濕度

在瓜地馬拉大街小巷都有玉米餅專賣店,一般家庭不自己製作玉米
餅,而是照用餐時間與需要去購買,之前學西文住在寄宿家庭
時,Home媽在用餐時間

SE VENDE
TORTILLAS
LOS 3
TIEMPOS

→只要有看板或紙
寫上這幾個字,就
表示這裡有賣玉米餅,
販售價是Q1可以買到
3塊玉米餅

之前都會叫小孩跑腿
去鄰居小店買玉米餅,我
也常當跟班去湊熱鬧。

173

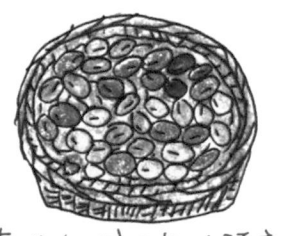
古早時候,
裝水的容器,
用家畜的胃
或膀胱做的

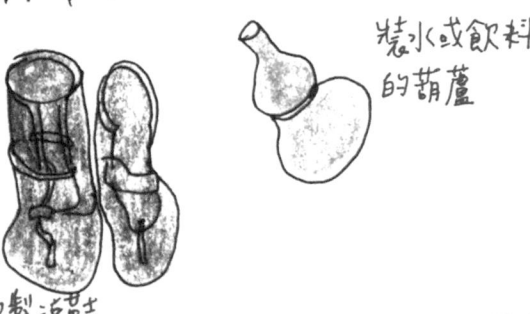
用植物
編織的
古早雨衣
(蓑衣)

皮製或草編
的雨帽

薩滿(巫師)用來占領言
的紅色豆子

皮製涼鞋

裝水或飲料
的葫蘆

馬雅人在小孩出生20天後,會舉行儀式慶祝,全家族聚在
一起喝一種 Semilla de zapote (zapote 的種子)做成的
飲料,並享用火雞湯。

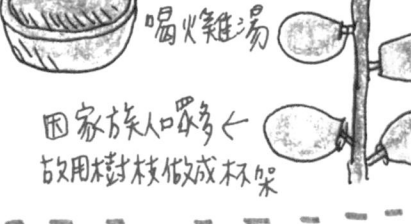

用 morro 樹的果實
做成的杯子,在
儀式中喝飲料。

藤編台座,讓圓形
飲料杯可以站好。

陶碗
喝火雞湯

因家族人口眾
故用樹枝做成杯架

節慶面具,有動物
及人物造型,例如:
西班牙殖民者、牛

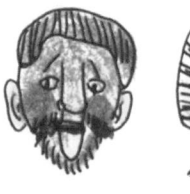

跳舞時戴
上面具可防止
惡靈侵襲,保
護舞者.

174

樂器很多,館長還一一表演,吹奏好聽的音樂(要當博物館
　　　　　　館長真不容易,還得表演才藝!)

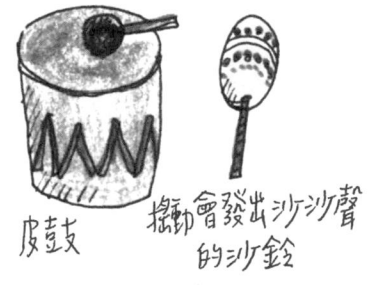

皮鼓　　　　　擺動會發出沙沙聲　　xux　　來自南美洲的排笛
　　　　　　　　的沙鈴　　　　　　笛子　　(我在秘魯看過)

薩滿在
儀式進行
中會用這種
沙鈴發出
沙沙聲,然
後低聲吟唱.

長條狀、乾掉的豆莢,也是
薩滿在儀式進行中使用
的樂器,附近地區現今
仍有約十個薩滿(巫師)

圓頭小木槌

瓜地馬拉
傳統樂器
Marimba
馬林巴琴

館長邀請我上二樓去看他太太用背帶式織布機織布

如果要和
這種織布的
耐心與創造力
相比,我畫畫寫
日記根本比不上。

穿著充滿刺繡的上衣
花色鮮豔繁複。

將織布機一端
綁在屋樑上,一端綁
在背後,這裡常見到
婦女在屋前織布。

屋樑上綁了成串的乾燥玉米,這種風
乾法是使食物長久保存的方法。　175

馬雅人有一種充滿智慧的作物栽培方式，稱做 milpa
米爾帕，我在館長的玉米田裡也親眼見證了這種古老農耕法：

milpa 米爾帕小檔案：

又稱為印第安三姊妹間作法，將三種
共榮作物——玉米、瓜類(例:南瓜)，及蔓爬類的
豆科植物(例:黑豆)，種於同一塊田。

maiz
玉米

Frijol
豆子

Calabaza
南瓜

優點：1. 玉米可支撐豆子攀爬，有利豆子接收陽光。

2. 豆子可藉由根瘤菌固氮，肥沃土壤。

3. 南瓜的大葉片蓋住地面可防止土壤水
分蒸散，保持濕涼並抑制雜草生。

結論：此法可維持地力，並提供主要食物
來源，完美！

午餐：吃墨西哥餐廳，點了 Mole de pollo 雞肉
Q20

一碟番茄、洋蔥切碎，擠上
檸檬汁的沙拉

附餐飲料是
洛神花茶

洋蔥　高麗菜絲　番茄

酪梨

檸檬

雞肉

特調醬汁
(不會很辣)

籃子裡有
5片玉米
餅

米飯

巧克力醬汁
(Mole醬汁)

超辣的青色火烤辣椒X

當我第一次聽到墨西哥人用巧克力搭配雞肉時，覺得好詭異，
176　但是這種微甜微鹹微辣的醬汁其實和雞肉十分合拍。
　　　　　　　　mole 莫雷醬汁

吃飽喝足後，回去旅館一樓商店血拼。花色眾多又美麗，實在很難取捨，我不斷地在鏡子前試，最後買了大中小三個背包，每個背包的帶子都可調整長短。

商店門口的招牌

| Maria Q200 | Santiaga Q170 | Santiaga Q200 |

綁！

背帶一端可穿入圓環，打一個活結，即可調整長短，這裡的背包都用這樣的設計，我看街上大叔大嬸背的背包都是這樣。

每一件織品上都貼有製作者的姓名與價格，我有去傳統市場及街上商店比較過，這裡的商品種類較多，花色也多樣，應該是有接受培訓，製作了較多元的商品。

Q5一杯
玉米粥
punch
水果切丁煮
成甜味熱飲

Q5一杯
arroz con leche
米+牛奶

傍晚氣溫開始降低，街上就會有賣熱飲的攤子，用高大的金屬容器賣些巧克力、arroz con leche、(玉米粥)米和牛奶 punch之類的熱飲，我也去買了一杯來喝著取暖，不小心拿出宏都拉斯的倫皮拉硬幣付錢，後來我送現場每個人一枚倫皮拉硬幣。177

Maya Sauna 馬雅桑拿

馬雅桑拿稱為 Maya chuj,原本是有其儀式性的意義。在 Todos Santos 托多斯桑托斯這樣寒冷的地方,此設備值得一試,在我的旅館頂樓,就有 Maya chuj 的設備.洗一次 Q30,但須預約,因為準備工作需要 2 個小時。

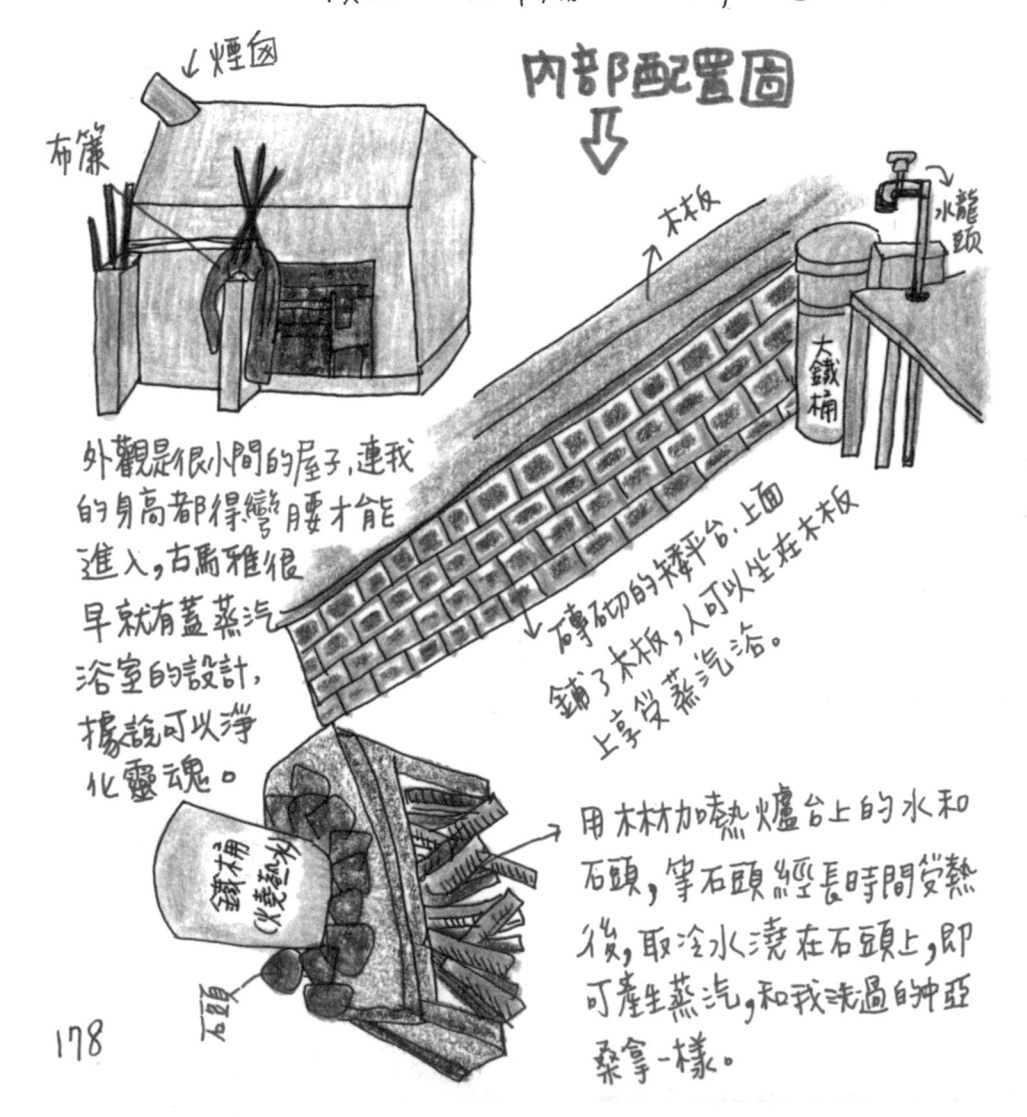

← 煙囪

布簾

內部配置圖
⇩

← 木板

← 水龍頭

大鐵桶

外觀是很小間的屋子,連我的身高都得彎腰才能進入,古馬雅很早就有蓋蒸汽浴室的設計,據說可以淨化靈魂。

磚石砌的矮平台,上面鋪了木板,人可以坐在木板上享受蒸汽浴。

鐵大桶 (燒熱水)

石頭

用木材加熱爐台上的水和石頭,等石頭經長時間受熱後,取冷水澆在石頭上,即可產生蒸汽,和我洗過的神亞桑拿一樣。

去小鎮上一間咖啡簡餐店喝咖啡，看到菜單上有咖啡品牌及 cafe tour 介紹，於是向店家詢問相關訊息。

因為有參觀過咖啡園了，所以不打算去！

咖啡品牌叫做 CAPE TODOS SANTOS.
咖啡莊園位於距此地 1.5 小時車程，一個叫做 TUIBOCH 的地方，TUIBOCH 是一個馬雅 Mam 語單字，意思是 Cabeza de cerdo (西語：豬者心)，因為從前馬雅人有血祭儀式，豬者心也是獻祭品之一。

費用： ① 可自行搭巴士，也可由他們安排車輛(費用 Q700)
　　　 ② 入園參觀體驗費 Q400.
　　　 ③ 若想住宿，園內有簡單的房間提供住宿，一人 Q50

我在 Casa Familiar 住在三樓走廊盡頭的最後一間 18 號房，收不到 wifi 訊息，因此我會坐在 13 號房前面的桌椅上網。傍晚我上網到一半，房客突然走出來，檢視他放在陽台圍牆上的平板電腦，原來他正在拍攝對面山巒的雲海變化，用縮時攝影的方式，他就是那個紅色背包客，沒想到他住了那個沒被我選上的房間，我們交換了一些旅遊資訊，這個來自德國名叫 Paul 的男子，明天也要去 La Torre 健行，和我計劃一樣，我們決定結伴同行，6:30 吃早餐，7:00 出發，早點回來，才能避開午后的雨。　179

8月6日(二) 山中驚魂記

Q4 酪梨醬口味的玉米點心，味道很詭異

Q3 台灣也有賣的多力滋玉米餅

為了本日健行，我昨晚去買了兩包零食，不過其中一包在昨天晚上就被我吃掉了！

我和德國人Paul一邊吃早餐一邊閒聊，他的英文非常流利，大學學的是建築，後來從事房屋修復的工作，因為德國有許多老屋，必須修繕才能出租買賣，而他形容自己的工作就像是房屋的醫生，須到現場勘察、決定修復方式、估價、並協調修復工作……，工作時間很彈性。我們又聊了一些教育制度的問題，他說他從去年開始回大學進修，和一群小毛頭當同學，這次出門旅行，也會順便收集一些資料做研究。吃完早餐後，我們拿手機、平板內的等高線地圖及普通地圖出來研究、討論路線，芬蘭女生Marketta告訴我這是很簡單的健行路線，約3小時可完成，我們也一致認為應該不難，我和Paul以一種無比輕鬆的態度收拾東西出門，一到大街上立刻找到前往登山口

La ventosa的迷你巴士，不斷閒聊巴哈、海頓、貝多芬、蕭邦……等音樂家的作品特點及各種語言的音調與節奏。

托多斯桑托斯
Todos Santos 出發

健行 終點 回到 這裡搭車

La maceta

Radio mast
制高點附近有個無線電塔,視野開闊,可在此眺望火山,天氣好時,還可看到墨西哥的火山

- - - - - 搭迷你巴士.15分鐘
Q 10,抵達La ventosa
──── 步行,從 ☺ 走到 🐂 之後再坐迷你巴士回Todos Santos 托多斯桑多斯

La ventosa (登山口在此)
健行起點

這是 maps.me 上面的簡易地圖,芬蘭女生 Marketta 告訴我,
　　　手機app
只要開著手機按路線走,發現偏離步道時就調整方
向即可,並說沿途會有一些油漆記號,不至於迷路。也
許真的太容易了,我們很順利地抵達了制高點的無線
電塔,拍了很多照片,沿途有許多白色形狀特異的石灰
岩,形勢奇絕,我們沿著地圖上標示的路線前行,
路不算難走,但要小心被石頭絆倒。我們又繼續討論
德國的土耳其勞工問題、難民問題及這其中造成的跨國社
會現象……等,我也舉了台灣練東南亞移工的例子,話題涉
及人權,所以又扯到了憲法對人權的保障。話鋒一轉,又
轉移到中南美洲的火山,德國的地理學家洪堡德在中
南美洲的探險活動、達爾文的小獵犬號、物種大交換
及傳播路線、中南美洲的殖民與獨立過程、瓜地馬拉
181

內戰、美國聯合水果公司對中美洲的控制，瓜地馬拉阿本斯總統的流亡，我又舉了智利的阿延德總統來當例子說明這些國家在獨立後社會政經局勢的宿命。Paul說他的下一站是瓜地馬拉及墨西哥邊界關口，因為他看到新聞說有數以萬計的宏都拉斯及瓜地馬拉人前往墨西哥，希望入境美國追求更好的生活，這些逃離家鄉困苦生活的人，以步行方式，像大軍似地形成人龍，往西北移動，他想去現場收集第一手資料。他的旅行地點選擇理由都滿獨特，也非常「個人」，學識豐富，今天是我開始旅行以來，講最多英文的一天，而且這些話題要用到的單字簡直快榨乾我的腦袋，很崩潰，不過也很過癮、很有趣。

不過，漫無止境的閒聊卻讓我們偏離了步道，往另一個方向，我們拿出等高線地圖研究，覺得情況還好，位置離稜線滿近的，Paul提議去走一小段稜線，稜線的視野應該很好，反正時間還早，我也覺得有何不可，在稜線上可以把四周看得很清楚，不容易迷路，大不了再折返就好了，再重新走回步道路線應該不難。

我們萬萬沒有想到，這個隨意的決定，居然將我們推向沒有預料到的險境。邊走邊聊天的輕鬆氣氛，讓我們偏離主要步道愈來愈遠。我提議往回走，兩人研究地圖的結果，Paul 提議我們可以從地圖上標示的小徑切大山谷，雖然路有點陡，但可直達有車道的路面。然而或許是手機、平板的定位有誤差，或許是小徑的路跡不明顯，造成誤判，有路走到沒路，

每天只想穿美美去上班的人為什麼會跑來這裡做這種事？

→石頭和草樹

→約1公尺的陡崖①

石頭及茂密的→植物

約2公尺的陡崖②

樹叢 Paul 我

→好幾層樓高的陡崖③

這個陡崖中間有一個僅容人身體通過的縫隙

我沒有慌張，只是不敢相信自己這麼容易就掉進生死之間的界線邊緣。

先是滑下一個約1公尺的小陡崖①，接下來不遠處，又滑下一個落差很大、約兩公尺、將近九十度且中間有一條狹縫的陡崖②，我心想，若是必須回頭，我是不可能爬上這個陡崖的，最好不要！誤判地圖的我們，以為下面有路，才放心滑下去，但下面根本沒有路！下面約30公尺處是一個好幾層樓高的懸崖，而我們受困於兩道崖之間，Paul 想辦法找其他出路，但兩側是近乎垂直的石壁，完全不可行，我們回到那個近兩公尺的陡崖下方，

②

183

嘗試徒手攀爬，但失敗，Paul 拿出手機查看，轉頭問我手機收得到訊號嗎?可以試著打給任何一個502開頭的瓜地馬拉人，請他們報警嗎? 他的手機沒訊號，我的也沒有!我們都沉默了，各自拿出自己的哨子，輪流吹SOS求救哨聲(三短三長三短)，企圖讓人注意到有人受困，然而過了很久都沒有收到任何回應。Paul 面容嚴肅地告訴我，我們今晚可能要在這裡過夜了，他有一個睡袋，很薄的，崖下有一個凹壁，我們可以在那裡躲而過夜，下雨了，又濕又冷，不知不覺已過了兩個多小時，難道要坐以待斃嗎?我和Paul站在陡崖下想辦法。四處勘察，尋求可能性，我們唯一的出路就是攀爬這道近兩公尺的陡崖。那道窄縫兩側有兩三顆凸出的石頭可容抓取使力，但不夠，窄縫旁立了一根碩大傾倒的枯木，但它碩大無比且被另一根樹幹卡死，完全移動不了，經過討論，我們決定再把旁邊其他枯木搬過來，交叉相疊，搭成像梯子樣的構造，減緩攀爬的坡度，重點是必須把角度卡死才安全。那些樹幹很重，崖下方可容迴旋的平坦空間也不大，我們合力搬運，調整方向，先立起再放下，架好之後，我試爬看看，發現結構太鬆，我鑽進凹壁，找

184　　其他較小的樹幹，像鎖螺絲般由凹壁那方將小樹

幹嵌進大樹幹與大樹幹的空隙，Paul 則站在前方負責
角度微調，結構緊了之後，我們先沙盤推演，不管是樹
幹的結節或是崖壁凸出的小石，先目測該如何跨出每一步，
也儘量先摸索那些摸得到的凸狀物是否穩固？Paul 讓我先
爬，這樣他才可以在下面推我或擋住我、防止我滾下去，
我屏氣凝神，把精神集中於一點，每一瞬間躍上一步，讓
身體的彈力幫助我攀登，只許成功、不許失敗，我們一
前一後，成功攀登；然而，往上還有另一道約一公尺的小
陡崖①，約有八、九十度，這是另一個難題，不過
相對較為簡單，我們先觀察崖壁，找拖力點，
Paul 照例讓我先爬，我可能是抓到要領了，
很快就成功了，Paul 在後面笑我像一隻貓，
而且是台灣來的貓，我說應該是猴子吧！
克服了這兩道陡崖①②．我們的心情放鬆了一
些，接下來往上爬的路雖陡，但都有植被或
石頭可以抓，避免下滑，我們隔一段時間就
得喘氣休息。從山谷抬頭看高處被太陽
曬得發亮的樹，好像很近，卻好像永遠爬不完，且根本
沒有路，我們得憑自己走出一條路，我跟Paul說，我們要
謝謝這些草木石頭的存在，抓著它們，我們才能向上爬，

圖旁文字：
山石壁
岩壁
管線
小樹幹
1 2
5
3
4
因為腎上
腺素作用，
我們才搬
得動這
些巨木！

拖的
構造 共用了
5根樹幹架成
梯子

185

抵達高處時，已經五點多，依現在的季節及緯度，六點
半天色就會開始慢慢暗下來，我們最好在天黑前離開
森林，Paul問我能繼續走嗎？我說可以，我們先坐下來
研究等高線圖，以安全為首要考量（沒想到在地理課本上
學的什麼等高線V字形尖端指向高處、低處、首曲線、計
曲線、比例尺、坡度，這些平常只會出現在考卷上的東西，
居然是應用在這種時刻，而Paul常使用等高線圖，比我
熟練多了）天慢慢黑了，Paul堅持把他帶來的、也是我們唯
一的頭燈給我用，他說他手持平板照路就好，我們迷
路了三、四次，但因為有專心看地圖，用指北針定位，所以都
可以重新回到正確的方向。我們已經沒有本錢再陷入危險
了，我的指北針是用了十幾年的便宜貨，Paul的指北針居
然是他爺爺傳下來的古董，可能是想讓氣氛輕鬆一點，
他還講了爺爺從軍攻打法國的故事！除了早餐，我
們一整天幾乎未進食，只吃了一點點我帶的黑巧克力，連水
都喝得很節制。Paul上半身穿了防風雨的外套，但長褲濕了，
我穿了全罩式雨衣，雨衣勾破了好幾個洞，也許是腎上腺
消耗殆盡，巨大的疲倦感侵襲我的身心，我用僅存的意志力
苦撐。Paul常常要我先在原地等，他去找路，確認無誤
我再跟上，我們故作輕鬆地欣賞星空、月亮，輪流講
笑話，例如學印度人講英語的怪腔調，邊講邊大笑，

這一天，從頭到尾，不論是他或我，都沒跟對方說出任何累、餓、害怕或想放棄的字眼，我想我們忍住不說的原因應該是怕講了會害自己及對方求生的防線失守吧！後來，看到地面有疑似卡車的痕跡，我們欣喜若狂，緊接著找到了地圖上標示的小徑，沿途的石頭上都可看到油漆做的記號，我們已遠離危險，在九點半走出森林，近處開始出現住家的燈光，狗兒們不斷狂吠，當地人出來查看，指引我們如何走向大馬路，我們又看了一次等高線地圖，回 todos Santos 托多斯 桑托斯是下坡路為主，只有最後一段很短的上坡路，大約十公里路程，Paul 問我還有力氣走嗎？我說可以，之前那麼辛苦的都撐過來了，這平坦又親切的十公里柏油路算什麼！根據比例尺計算距離與坡度，下坡較輕鬆，差不多兩個多小時可以到。走在柏油路上，前方是無盡的星空和一抹彎月，我跟 Paul 說謝謝，因為他幫我很多忙，救了我的命，他說那是因為我有堅強的意志力才救了自己，他說他有豐富的健行經驗，但今天在懸崖那裡，他真的感到恐懼，但我卻一心想找出路，他說想找出路的決心戰勝恐懼，因為我們不放棄，才有機會走出森林；持續步行可以讓身體保持溫暖，不至於太冷，Paul 提議如果有車經過就攔車吧！只要有車經過，Paul 揮手，我閃爍頭燈，引起注意，但可惜的是，晚上車子非常少，且因為治安不好，就算他們看到我們也不敢停車，直到走了五公里，有一輛車停下來查看，187

發現我們是外國人，問我們發生了什麼事？為什麼行走在寒冷的黑夜中？他們叫我們上車，把又累又餓的我們送回Todos Santos托多斯桑托斯，還好有他們載我們一程，我們十點多就回到旅館，真不知如何表達謝意，Paul付了一點錢做為車資（他真的思考很周到，而我一上車腦袋就轉成空白模式），旅館的兩個職員沒去睡，坐在門口附近的桌子等我們，再不回來就要報警了吧！哈哈，我幾乎全身癱軟靠在牆上，他們很擔心地詢問狀況，看到我們沒事，他們也露出高興的表情，我跟職員說我明天要多住一天，他開玩笑說你這狀況得休息一個星期吧！哈哈！上樓回房之前，我和Paul給彼此一個擁抱，因為我們活著回來了，我不敢想像萬一我們困在那裡，沒人知道怎麼辦？我已經累到忘記飢餓了，喉嚨也因喝太少水而乾燥疼痛，我洗了一個痛快且徹底的澡，檢視自己身上的擦傷、割傷、以及多處瘀青，還好情況不嚴重。我把所有的衣服、包括腰包全扔到淋浴的蓮蓬頭下方，只見那堆衣服流出灰黑色的泥水，我不知哪來的力氣，把它們洗刷乾淨，用浴巾包著吸收水分。天氣這麼冷，放一夜也不會發臭，明早再拿出去晒，驚魂未定的我暫時睡不著，躡手躡腳地去外面陽台上網，發了一封訊息給Lily，和大晴聊了一下天，

188 今晚好冷，我把其他床鋪的毯子全搬到我床上，我要睡超飽。

8月7日(三) 心有餘悸

今天我八點半就醒了，出去晾衣服，然後回房間窩著寫日記，我需要做點什麼撫平自己心理上的驚嚇，看了一點書，一點出去收衣服，衣服全乾了，而且乾乾淨淨，和原來一樣。準備出門吃午餐時，Paul在陽台旁的階梯為他的登山鞋上保養油，我看他全身髒兮兮，原來昨夜一進門就倒在床上睡了，我們討論起某些機能性的衣服，可能不能送洗烘乾，所以我已全數手洗晒乾了，Paul說他早上還拿出地圖思考為何昨天會造成那樣的錯誤(真是實事求是的德國人！)我們都覺得那時冒然下切是很危險的行為，且地圖上標示的小徑可能已被荒煙蔓草湮沒了。

這件事讓我覺得自己的戶外常識嚴重不足，因為芬蘭女生Marketta告訴我那是簡單的三小時健行行程，所以我幾乎沒帶什麼東西就出發了，甚至心想反正中午就回來了，還把頭燈從包包拿出來沒帶出門，Paul看到我穿勃肯鞋要去健行，也是當場傻眼……，以後處理這種事情，一定要更加小心、準備周全才行，同時要對大自然抱著敬畏之心，不可過度自信及大意。

午餐是在旅館走下坡右側的商場吃的，它有四層樓. 一樓是停車場，二樓是飲食店及販售蔬果雜貨的攤位、三樓是服裝店及裁縫店，因為建築物是沿坡建築，所以我走下山坡時，是從它的三樓進入，那裡全部都是賣傳統服飾的商店，上下樓梯時，我強烈感受到肌肉的疼痛，甚至有舉步維艱的感覺，原本的攀登火山計畫得取消了。

189

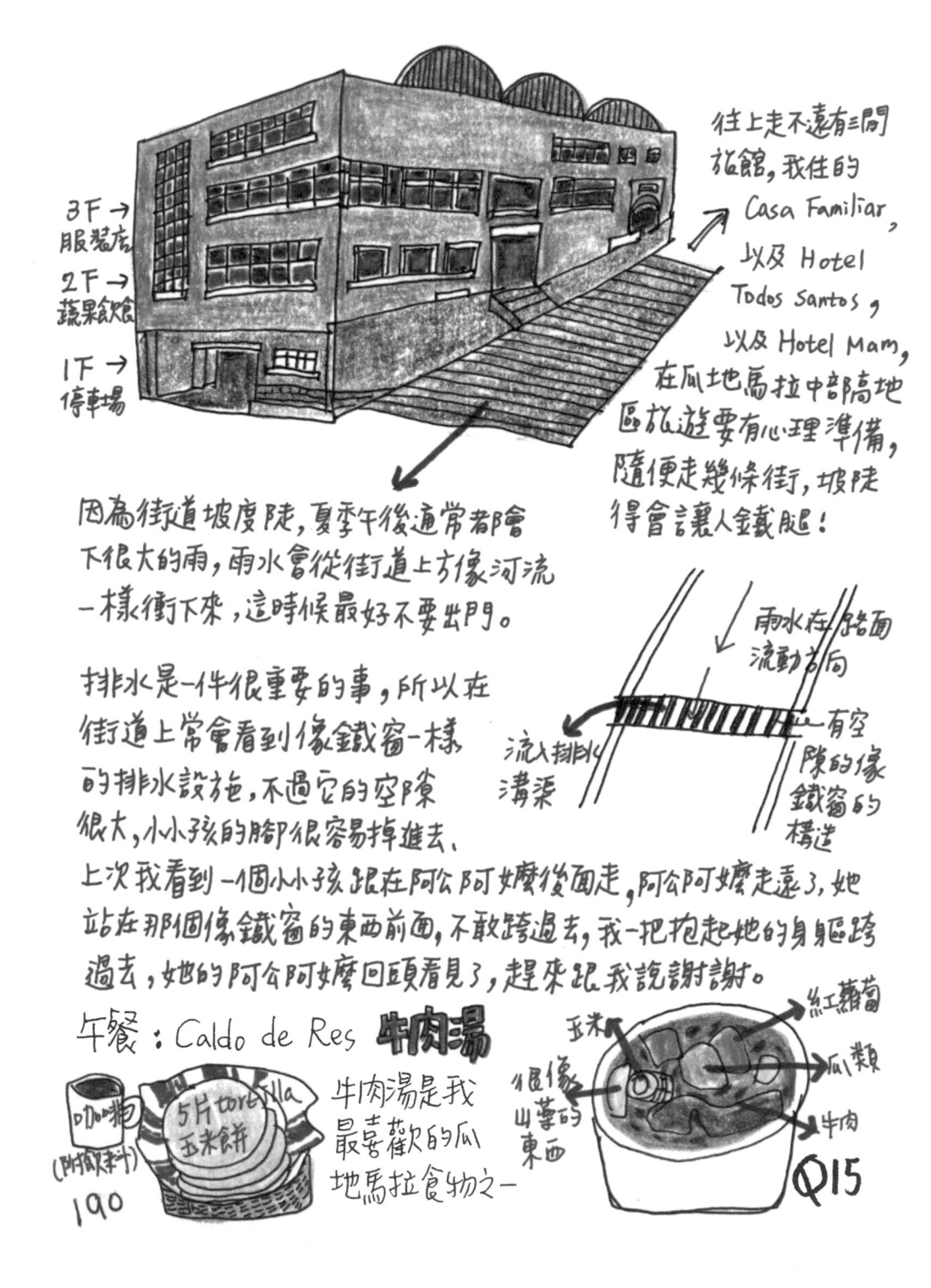

3F → 服裝店
2F → 蔬果飲館
1F → 停車場

往上走不遠有三間旅館，我住的 Casa Familiar，以及 Hotel Todos Santos，以及 Hotel Mam，在瓜地馬拉中部高地區旅遊要有心理準備，隨便走幾條街，坡陡得會讓人鐵腿！

因為街道坡度陡，夏季午後通常都會下很大的雨，雨水會從街道上方像河流一樣衝下來，這時候最好不要出門。

排水是一件很重要的事，所以在街道上常會看到像鐵窗一樣的排水設施，不過它的空隙很大，小小孩的腳很容易掉進去。

雨水在路面流動方向
流入排水清渠
有空隙的像鐵窗的構造

上次我看到一個小小孩跟在阿公阿嬤後面走，阿公阿嬤走遠了，她站在那個像鐵窗的東西前面，不敢跨過去，我一把抱起她的身軀跨過去，她的阿公阿嬤回頭看見了，趕來跟我說謝謝。

午餐：Caldo de Res **牛肉湯**

咖啡
（附飲料）
190

5片 tortilla
玉米餅

牛肉湯是我最喜歡的瓜地馬拉食物之一

紅蘿蔔
玉米
瓜類
一個像山藥的東西
牛肉

Q15

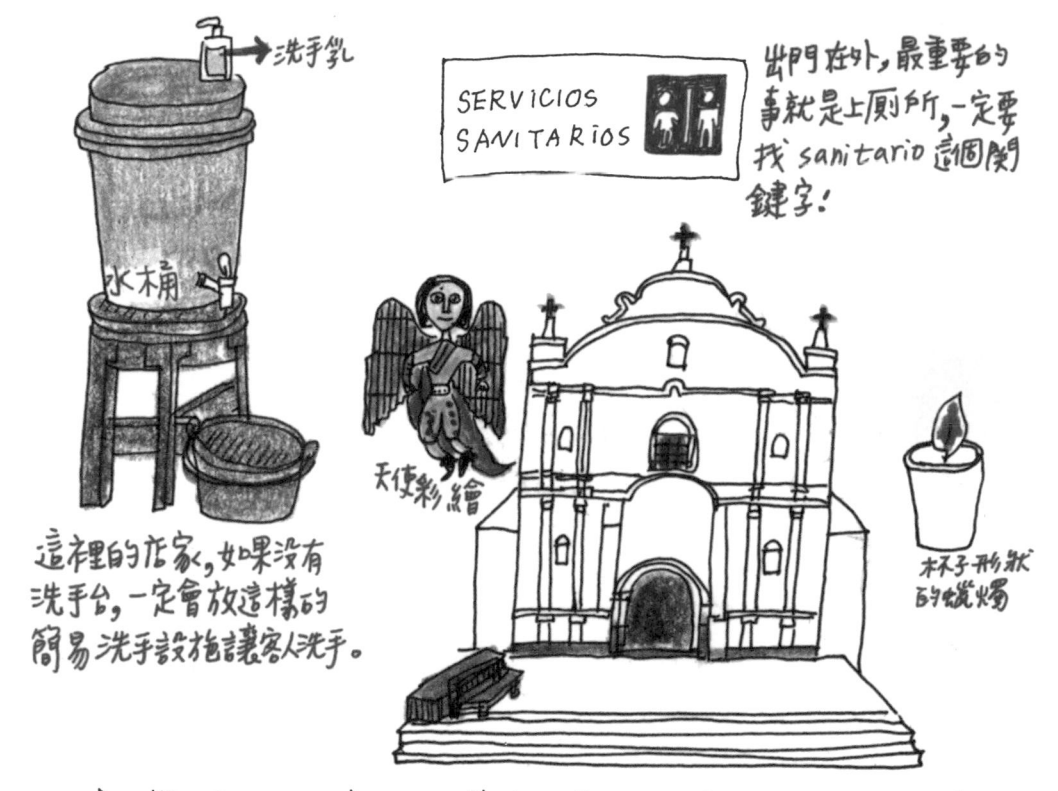

洗手乳

SERVICIOS SANITARIOS

出門在外,最重要的事就是上廁所,一定要找 sanitario 這個關鍵字!

水桶

天使彩繪

杯子形狀的蠟燭

這裡的店家,如果沒有洗手台,一定會放這樣的簡易洗手設施讓客人洗手。

吃完午餐後,我到商場在前方不遠的教堂坐了很久,在瓜地馬拉旅行時,我常常上教堂,我並非教徒,但我喜歡那種寧靜平和的氣氛,特別是在經過昨日事件後,我需要一個安靜的地方沉澱緩和一下情緒。教堂前方有一位穿著傳統服飾的原住民婦女正嗚嗚咽咽地吟唱著她的悲傷,身子前方點著蠟燭,我不知道坐了多久,拿出手機,把昨天受困山林的事件始末打成一封很長的訊息寄給 Lily,我想我必須透過說或寫,來釋放心理壓力,達到療癒的作用。上天應該是要我多留在這個村子一天,多發現什麼吧!我收起手機,走出教堂,選一條沒走過的街道探險去!

191

沿途經過很多戶人家,婦女在屋簷下織布、馬雅祭祀的場所、婦女在屋前洗衣、興建中的健康中心、小孩在街上踢著彩色的球、隨處可見的雜貨店(瓜地馬拉真的超多雜貨店的!到底開一模一樣的店可以賺什麼?不過想想,台灣不也是到處都是便利商店!),瓜地馬拉人十分親切,走在路上不管認不認識,都會打招呼!

瓜地馬拉常聽到的 親切問候 ♥

1° buenos días.早安. 不過他們常簡單用 buenos 帶過去
2° buenas tardes.午安 不過他們常簡單用 buenas 打招呼!
3° buenas noches.晚安 這句我很少講,因為晚上通常我都躲在旅館房間!
4° ¡salud! 健康!乾杯! 聽到有人打噴嚏時,他們會說 salud,有祝你健康的意思,喝酒乾杯也會說 salud,另,他們會一前一後用兩個驚嘆號,前面那個驚嘆號倒過來的。
5° ¿como estas?你好嗎? 他們的問句也是一前一後用兩個問號,前面那個問號是倒過來的。
    Bien. gracias 好.謝謝.
6° ¡Buen Provecho! 祝好胃口 在餐廳看到我在吃東西,大家都會對我說這句。
7° Tengas buen dia.祝你有美好的一天.
192 8°. Que te vaya bien.祝順利 對離去者的祝福,我每次離開旅館,動身前往他處,他們都會對我說這句。

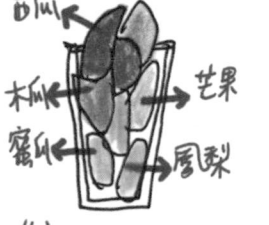

冰

這個牌子比 Sarita 便宜,我現在常買這牌子的冰棒.

Q2
(香口味冰棒)

在商店買了冰棒,然後又去商場二樓買了綜合水果杯來吃,瓜地馬拉人吃水果會加很多不同的調味品增加風味,但我通常是什麼都不加,只有吃柳丁和芒果會加 pepita
(瓜子磨成的粉)

西瓜
木瓜
蜜瓜
芒果
鳳梨

綜合水果杯
Q5 (到處都賣這個價格)

調味品1:
蜂蜜,這裡常見小熊罐子蜂蜜,綜合水果杯通常加蜂蜜

調味品2:
Chamoy,紅色醬料,據說微辣,主要是加在鳳梨及芒果裡

調味品3:
Tajin,粉狀,據說微辣,主要加在芒果裡面

亂吃之後,回旅館小睡,睡醒又去陽台上網,Paul 剛好要去吃晚餐,我說我不餓,我們又閒聊一下(真的很愛聊!),討論各自接下來的旅行計畫。我要向北走,但週末會向南抵達克薩特南果。Paul 則要向南走,去我曾經去過的 San Francisco El Alto,Quetzaltenango 接下來也會前往克薩特南果,他說或許我們可以在克薩特南果再碰個面,他再接下來會去太平洋岸,他說有個地方他二十年前去過,沙灘流失很嚴重,那時有做防護工程,不知效果如何?他把地圖轉換成衛星影像圖給我看,那一看就知是突堤效應造成的,後來用短突堤及離岸堤工程補救,我跟他說,歡迎他田野實察之後,告訴我結果。 193

8月8日(四) 被世界遺忘的角落
今天是父親節，爸爸，父親節快樂。

今天是移動日，其實我也可以窩在Todos Santos 托多斯桑托斯，然後週六前往克薩特南果過好日子，然而，我卻還想多看點什麼，所以決定向北，到觀光客比較少去的區域看看。

從Todos Santos 托多斯桑托斯前往San Mateo Ixtatán 聖馬特奧伊斯塔坦(簡稱：San Mateo 聖馬特奧)交通要花上好幾個小時，中間會經過幾個山中聚落，旅行指南上形容這一路上的風光如田園牧歌一般，我立刻理解轉譯，嗯！那就是非常荒涼的意思。

墨西哥

San Mateo(海拔 2468m)
Ixtatán

Todos Santos
Cuchumatán
(海拔 2392m)

San Mateo
Ixtatán
聖馬特奧
伊斯塔坦
(簡稱San
Mateo 聖馬特奧) ●Barillas

●Santa Eulalia

●Soloma

●San Juan

Todos Santos
托多斯桑托斯
(2392m) ●3 Caminos
(tres caminos)

往Huehuetenango.
薇薇特南果

交通指南

1° Todos Santos → tres caminos，約小時，Q10迷你巴士，車子很多，隨招隨停，tres Caminos是三條道路的交會點，tres⇒3, caminos ⇒道路之意，不同方向的車在路邊放人轉乘。

2° tres caminos → San Mateo，4小時，中型巴士，Q.40，我很幸運地搭到從 Huehuetenango 開往 Barillas 的巴士，故中途不必換車，司機有在路邊臨停一次，讓大家上廁所，在 Soloma 停25分鐘午餐。

194

我很幸運地坐在中型巴士最後一排，比較不會被乘客擠到，這種巴士總是無止境地塞人，本來最後一排窗邊坐了一個年輕男子，但他不久就下車了，下車時，因為車子太擠，他無法從前面的車門下車，隨車助手居然叫他爬窗戶！他下車之後，就由我獨占那車窗好風景。我睡睡醒醒，也搞不清楚經過了幾個聚落，但我感覺這個區域似乎是被世界遺忘的角落，只有彎彎曲曲的山路可以到達它，透過車窗所看到的聚落生活、街景，恰似無聲的曲調，在那兒逕自演奏著，但和我、以及這個世界，一點關係也沒有。

"San Mateo到了，快下車"，熱心的乘客提醒我，取了車頂的行李，站在中央公園旁的我墜入一種失落的情緒，這裡真的是被世界遺忘了吧？修到一半的馬路煙塵飛舞，坐在地上的小販、滿地的垃圾、吵雜的喇叭聲……說明了它的貧困與悲慘，我一抵達就想逃走，為什麼我要來這裡？這不是觀光景點，這只是旅行指南上說"一個可路過住一晚的地方"。

No 003429
Fuentes del Noroccidente
Servicio Diario de pasaje y encomienda
Sale de Huehue 2:00, 7:15, 8:55, 9:30, 10:00 am, 12:30 am,
Sale de Barillas 2:00, 6:00, 6:30, 7:00, 7:30, 9:00 am,
2:30, 12:30 pm. Sale de Santa Eulalia 4:00 am.
Sale de Huehuetenango 12:25 pm.
Para reservaciones llamar a los teléfonos:
Tel.: Huehue.: 4823 6298
Tel.: Barillas: 4651 7513

2.00	2.00
3.00	3.00
4.00	4.00
5.00	5.00
6.00	6.00
7.00	7.00
8.00	8.00
9.00	9.00
10.00	10.00
11.00	11.00
12.00	12.00
13.00	13.00
14.00	14.00
15.00	15.00
16.00	16.00
17.00	17.00
18.00	18.00
19.00	19.00
20.00	20.00
21.00	21.00
22.00	22.00
23.00	23.00
24.00	24.00
25.00	25.00
30.00	30.00
35.00	35.00
40.00	

難得拿到一張車票，一定要貼起來！

195

我硬著頭皮去找旅館，然而旅館是關著的，問了樓下的電腦資訊器材店，他們說旅館老闆15分鐘後回來，嗯，其實瓜地馬拉人滿沒有時間觀念的，說15分鐘，那應該就是倒過來的51分鐘吧！果然，將近一小時後，旅館老闆回來了，幫我拿行李上樓，這間旅館不符合我選擇旅館的原則，一則它看起來門禁不嚴，老闆也沒有鎮守櫃台（事實上，它沒有櫃台，只有辦公室，但門是關著的），且新整修的房間在四樓，二、三樓空空盪盪，人氣不旺，我一個人住在四樓有些不安，但老闆給我的直覺是誠懇實在的，且這已經是全鎮最好的旅館了，我別無選擇！房間倒是新穎舒適，十分現代化，因為四樓露台與陽台彼此都是相通的，我一進門就把窗簾拉上，儘量避免讓別人知道我是一個女生單獨住在這兒，然後把我所在的位置和旅館訊息發給台灣及瓜地馬拉的朋友，讓他們知道我在這裡。

趁午後的雨還沒有開始下之前出去找東西吃，連我最愛的牛肉湯都不美味，真是一個讓人沮喪的小鎮，我付了兩晚的房錢，但我已經開始考慮是否明天一大早要提行李直接落跑去讓我有幸福感的 Quetzaltenango 克薩特南果？

Hotel Maadglena
196

離教堂公園近，五分鐘內可抵達巴士停靠處，熱水，wifi，附衛浴，Q75一晚，房間很新，棉被毯子很暖，有電視。

8月9日(五) 聖馬特奧鹽之屋

也許真相總是讓人難以接受，但這就是瓜地馬拉的一部份，我在上個月所到的觀光區雖然也是瓜地馬拉的一部份，但那多數是迎合觀光客的期待，讓觀光客看到乾淨的、舒適的、美麗的、親切的瓜地馬拉，我想這是上天給我的功課吧！讓我在下週去當觀光客之前，看一回瓜國偏遠山區的真實生活。前天跟Paul討論到接下來的旅行計畫時，因為打算在克薩特南果待一週，然後就準備回台灣了，計畫在克薩特南果待較久，所以沒時間去著名的觀光景點，例如：Lago de Atitlán 亞提德蘭湖，號稱世界最美麗的湖泊，Paul跟我說很多人也叫他一定要去亞提德蘭湖，但他去了覺得太觀光化了，是滿美的，但也沒有美得不像話，他說他比較愛他家鄉的湖泊（哈哈），我也認同，並且不覺得沒去亞提德蘭湖是什麼遺憾，也沒想去 Chichicastenango 奇奇卡斯特南果那個號稱中美洲最大的、每個來到瓜地馬拉的觀光客都會去的大市集，旅行不必給別人交代，給自己交代就好。

我先上網瀏覽有關 San Mateo 聖馬特奧這個小鎮的新聞，原來這裡是一種特別的黑鹽的產地，另外，近年來，因為水電問題引發了許多衝突流血事件，此地的馬雅原住民使用的是 Chaj 語，靠近墨西哥，故在內戰期間，有許多人為了躲避迫害而逃往墨西哥。

197

我帶著地圖出去散步，其實昨天的下車地點是全鎮看起來最糟糕的地方，深入聚落之後，反而覺得這裡就是很純樸的鄉下，滿車輕鬆自在的。貧窮不該和犯罪畫上等號，我為昨日的恐懼抱歉。

這裡的婦女穿戴頭巾（頭巾的花色及綁法和我在中亞旅行時看到的簡直99%相似），不過，我在旅館下方的街道看到小卡車運來很多二手衣，在路邊擺攤，真擔心這些便宜的二手衣毀了這裡的傳統服飾文化，這是很多開發中國家的問題。

這裡的房屋使用我之前在其他地方沒有看過的木門，不過家家戶戶幾乎都有瓜地馬拉常見的三格式水槽。

很花的頭巾
（依然輕鬆駕馭！）

刺繡 hupil 上衣

因為天氣冷，故會穿著外套，或披上毛料大披肩

花色豔麗的寬版腰帶

花色繁複有格子細紋的直筒裙，但看起來風格多樣，沒有統一的花色

木門分成上下兩扇，並有彩繪

可以只打開上半部，從屋裡向外張望

②水槽較深，會放滿水，用小盆子舀水

①③水槽較淺，負責沖洗東西

198

因為海拔高度高,天氣寒冷,所以幾乎家家戶戶都有 Maya Sauna (馬雅蒸汽浴桑拿小屋),且屋前屋後都堆滿用作燃料的木材。

路邊常見到立了馬雅十字架的小祭壇

因為昨天的牛肉湯實在太難吃了,所以我決定今天中午吃炸雞,但這種偏遠小鎮不可能有像 Pollo compero 那種高級炸雞連鎖店,然而,Pollolandia 這個品牌就像我的好朋友,它跟台灣的郵局一樣,無論多偏僻的地方都會有。

因為常見的 BRAHVA 啤酒雖便宜,但實在不好喝,且每次所以我改買只有 210ml,墨西哥產的可樂那啤酒,進炸雞店之前先進旁邊的雜貨店買啤酒,雜貨店小妹還衝來炸雞店告訴我,喝完之後,瓶子要拿去還給她

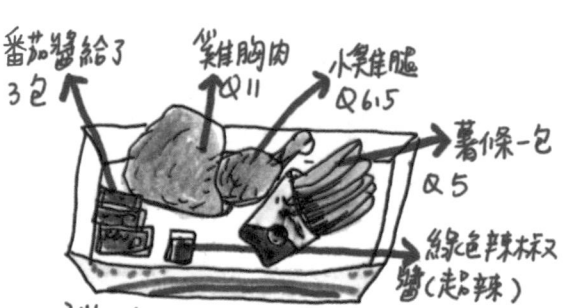

番茄醬給了 3包
雞胸肉 Q11
小雞腿 Q6.5
薯條一包 Q5
綠色辣椒醬(超辣)

通常大家會去炸雞店買玉米餅 tortilla 配炸雞一起吃,瓜地馬拉人可能沒有玉米餅會活不下去,但我是台灣人,我吃炸雞不必配玉米餅。

Hola!
覺得開心!↗

Pollolandia

這間炸雞店的品牌圖像是三隻勾肩搭背的雞,為什麼牠們快變炸雞被吃掉還可以那麼高興?

吃完炸雞,去當地小學閒逛,學校門口有零食路邊攤,小朋友上課到一半,居然會跑出來買零食,學校的建築工人用英語和我閒聊,原來他曾到美國工作,所以會講英文,就我所知,有很多瓜地馬拉人到美國工作。

199

去鎮上的教堂坐坐，婆婆媽媽們的祈禱聲窸窸窣窣，不絕方令耳，讓人心裡很平靜，之後走出教堂，在公園旁和計程車司機攀談，問他有關前往Huehuetenango 薇薇特南果轉車的事情，得到答案之後，本以為本日行程宣告結束，準備回旅館睡午覺，但是在路上被一個背小孩的媽媽搭訕，告訴我關於 San Mateo 聖馬特奧的歷史，並告訴我鎮上以盛產鹽著名，有個 <u>Casa</u> de <u>sal</u> 鹽之屋，可以去瞧瞧，她很熱心地為我指
家 鹽

你這個懶人！

路，我一看路那麼陡，實在想放棄不看，但後來還是去了！當地婦女會拿水壺到鹽之屋取鹽水回家煮飯，但地下洞穴是神聖之地，女性不准進入，僅由男性管理人下去取鹽水，不過他破例讓我下去看，並拍照。

Casa de sal 外觀

馬雅十字架

Casa de sal 內部

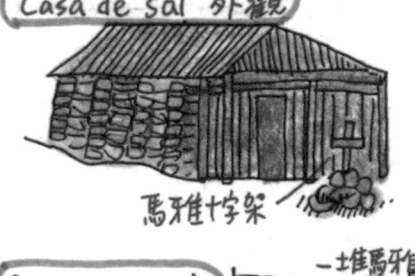

一堆馬雅情十字架

女人把水壺放在地上排隊等待！超多婦女來取水

地下洞穴有一個方形鹽水池，因為很暗，還點了蠟燭照明

蠟燭

鹽水池

管理人為男性，走階梯下去地下洞穴取鹽水

8月10日(六) 前進雪拉

昨天的日記有一件事忘了寫,那就是,當地婦女是拿著塑膠水壺 到鹽之屋取鹽水回家煮飯,我有試拿一下裝滿水的桶子,十分沉重,她們在水壺 的左右兩端繫上帶子,然後把帶子繞過前額,利用頭部力量負重,小徑坡度很陡,走起來很吃力,然而她們卻靈巧地上上下下,有的婦女

甚至是將兩個水壺相疊,背在背上,不知道她們是怎樣辦到的?

今天是移動日,從San mateo 聖馬特奧到Quetzaltenango 克薩特南果,轉車順利的話也要7小時起跳,雖然半夜三點就有車可以搭,但山路坐夜車危險,且有治安疑慮,所以我還是等早上六點天完全亮才出發。清晨極寒,然而公園廣場旁的市場已聚集了做生意及等車的人潮,大夥身上都披著厚毛毯展開一天的生活。

別名再"雪拉"

雙耳設計

進鹽之屋之前,空水壺是斜背在身上的.

走出鹽之屋時.沉重的水壺是利用頭部的力量背負

街道上垃圾太多.清晨,有人在掃馬路,他們用一種鐵片製成的掃把,方便推走垃圾.

鐵製掃把

201

● San Mateo 聖馬特奧 (2488m)
● Huehuetenango 薇薇特南果 (1909m)
● Quetzaltenango
克薩特南果 (2367m)
又稱Xela (雪拉)

△ San Mateo → Huehuetenango薇薇特南果
5小時, minibus, Q40. 路面狀況大致都是
鋪平的, 只有過3 soloma之後有一段路坑坑
洞洞, 但全程大部分山路彎曲且窄, 如果
坐較大台的 chicken bus 野雞巴士,
會車可能會比較驚險.

△ Huehuetenango → Xela (即:克薩特南果)
2.5 小時, chicken bus, Q20. 走的是泛美
公路, 路況算良好, 路也大條, 但chicken
bus 真的好擠 ☹

　我的運氣很好. 從San Mateo聖馬特奧完全沒花什麼時間等
車就搭上直達薇薇特南果的迷你巴士, 到薇薇特南果時,
一下車就聽見路邊一輛準備要開的 chicken bus 的隨車助
手猛喊 Xela! Xela! (雪拉!雪拉!). 今天將近八小時的
車程中, 我都坐在窗邊的位置, 一路上看著乘客上上下下, 隨
　　　　Quetzaltenango的別稱!
車助手跑前跑後掌控全車狀況; 我覺得隨車助手真是一
個厲害的角色, 一般而言, 迷你巴士有一個隨車助手, 而
chicken bus 因為車子座位多、乘客多、行李多, 所以配置兩位
助手 (有時只有一位!). 助手的工作如下:
1° 收錢 (助手很強, 都記得哪位乘客收過, 哪位沒收過?)
2° 上下行李 (把行李綁在車頂, 他們動作超俐落, 有時司機
　　　　　　才剛停車, 他們就瞬間登上車頂放置或卸下行李)
3° 攬客 (不斷地攀在門邊叫喊目的地, 並用各種暗號、手勢
　　　　　提醒司機有人要下車, 或乘客上車了, 可以開車了……)

$4°$ 協調座位 (巴士沿路攬客,不論有多少乘客,好像永遠都可以塞得進來,而且助手會指揮調整座位,常常很神奇地讓每個人都有座位坐,嘖嘖!)

懸空狀態!
明明懸空坐著,為何那人可坐得面不改色?

chicken bus 座位很小,一個座椅應該只能坐兩個人

但助手就是有辦法叫大家一個座椅擠三個人,通常最邊邊那人大概有一半的屁股是懸空在座位以外,而走道也被塞滿,沒有任何空隙。

$5°$ 幫司機買食物

- -

辦法是人想出來的,路是人走出來的,在一個大眾運輸不怎麼發達、甚至郵政停擺的國家,多虧了這些私營的大小巴士,用最具機動性的辦法,讓人貨均能暢其流。我曾目睹巴士停在某汽車修護廠門口,隨車助手隨即登上車頂,扔下數個輪胎;或者,在鄉野尋常人家門口被交付兩頭羊,照樣綁上車頂。

順利抵達 Xela 雪拉之後,我熟門熟路地找到 colectivo (行駛於市區的迷你巴士),抵達市中心的公園。房東丁在墨西哥,近期內不在瓜地馬拉,委託 Ruby 幫忙照料房子。Ruby 今天下午在大學有考試,把房間鑰匙轉交給我認識的西語學校職員 K,要我去學校拿鑰匙,K 見了我,給了我一個大大的擁抱:「歡迎回到 Xela!」,回到熟悉的地方,真好。　203

從西語學校走路五分鐘到租屋處，進門的聲響驚動了二樓的房客從窗戶探頭，哈!原來是 Celine，她跑下樓，給了我一個擁抱，開玩笑地用西語大喊："¡Bienvenido!"（歡迎光臨），這是一棟超過百年的西班牙殖民大宅院，經過整修後做為民宿，東側及北側僅一層樓，是房東J的住家及1間（或2間?）雅房供出租，西側有兩層樓，一樓有兩間雅房及廚房，共用衛浴共兩間，在庭院旁，兩間雅房一大一小，偏北那間較小，且屬邊間，陽光較難照進，較陰暗濕冷，我去年租那間兩個月，今年則改租大間的雅房（一週Q475,包月有打折），西側二樓是 apartamento（西語:套間套房），除房間外，每個房間都附衛浴廚房，Celine去年和今年都租套房.我參觀過，十分舒適。房東J是英國人，先生是瓜地馬拉人，都在NGO志工組織工作，並經營西語及英語學校，當校本部學生太多，教室座位不敷使用時，部份學生會挪到這棟大宅院的迴廊及庭院上課，週一時全部學生會在此集合做自我介紹（因上課是以週為單位，學生來來去去!），並宣布一整週的課外活動項目。這棟大宅院·惟一的缺點就是地板為木製，樓上樓下隔音差，我是夜貓族，有自知之明，所以連續兩年都租一樓，怕半夜走動吵到樓下的人，我和Celine是西語學校同學，這是第三年夏天碰到，今年她仍繼續上課，我則沒有，她每年都租這裡，這房子是經由她介紹的。

204

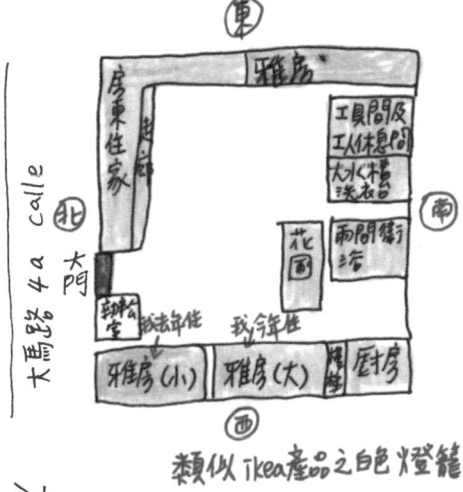

我的房東J，不是那種表面熱絡溫暖的人，但絕對是一個細心嚴謹有責任感的人。去年我在此租屋時，停水停電，她一定馬上查看，並用訊息通知我們，廚房、衛浴缺了任何東西，她一定在第一時間馬上補充，房間在她的巧手布置下，十分具有美感且舒適。

類似 ikea 產品之白色燈籠

這個舊木箱中放了乳液、浴巾、手電筒（Xela 有時會停電）。另外有一本厚厚的活頁夾，是房東打字的 Xela 生存法則、注意事項及推薦店家與景點。

用舊木箱疊起的置物木層

Xela 海拔高，天氣冷房東多放備用被子在這裡

上超市補給食材，終於有廚房可以做飯了。

DUCAL
Frijoles Volteados/Ma
Negros

Frijoes 罐裝豆泥
Q.7.8

6顆蛋 Q.7.5

百格土橄欖油（瓶）油（液體）Q.14.95

檸檬一袋 Q5.5

番茄 Q.3.05

洋蔥 Q.5.95

Tocido Ahumado
Toledo
培根 Q.15

205

8月11日 (日) 週日閒聊時光

昨晚原本要和 Celine 一起喝咖啡，但我累到昏睡不起，於是就約了今天早上一起吃早餐。

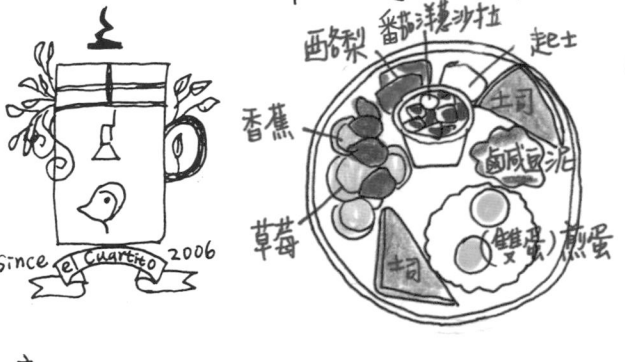

since el Cuartito 2006

酪梨 番茄沙拉 起士

香蕉

草莓

鹹豆泥

土司

土司

(雙蛋) 煎蛋

chocolate puro 純巧克力

瓜地馬拉的特產除了咖啡之外，還有巧克力，然而瓜地馬拉人嗜甜，我雖點純巧克力，但還是很甜，而且還會提供糖包讓你加。

這間名為 Café El Cuartito 的咖啡館是我和我西語老師的愛店，cuartito 是小房間的意思。

西班牙語小常識 — ito、ita

這些字尾指 "小尺寸" 的東西，例如：

Taza 指 杯子 → Tazita 指 小杯子

小羅伯特

也可以用在人名，例如：Rerberto 羅伯特 → Rerbertito

在菜市場買東西時，小販常常叫顧客 papito (小男生)、或 mamita (小女生) (*我已不是小女生，卻常被這樣叫!)

前年來這裡念西語學校時，住在寄宿家庭，因為寄宿家庭的網路很慢，桌椅也沒有很舒適，我和日本同學 TACA 因為住得很近，常在放學吃完午餐後，約在中央公園碰面，然後轉戰不同咖啡館念書、寫作業、為對方複習，但我們兩個的程度都很差，寫出來的作業很莫名其妙。

那時作業壓力沉重，有時還得拜託寄宿家庭念小學的雙胞胎小女孩幫我造句，然後我幫她們寫英文作業。

我和TACA的咖啡廳店（應是K書中心吧！）包括：
1° Café El Cuartito：庭院舒服，有網路、插座、晚上有live音樂。
2° Café La Luna：展示很多老收藏品，離TACA家或我家都很近。
3° Café Barista西雅圖咖啡，或麥當勞：門口有帶槍警衛，有安全感。
4° & Café：瓜地馬拉本國連鎖咖啡館。
5° Café Armonia：小農咖啡合作社的店面，舒適明亮。

我和Celine邊吃邊聊，把早餐拉長成了午餐，交代了彼此這段時間的行程。泡在西文環境一個多月的我，好期待可以講英文，但在大學教法文的Celine說：「學語言就是要多講！」，所以她堅持要用西文聊天，讓我無法逃避。吃完早餐，我和Celine去中央公園散步，我們的西語學校就在旁邊，這裡是我們熟悉的地盤，假日的公園很

Xela本地婦女傳統服飾
— 華麗刺繡上衣
— 寬版腰帶
— 深色條紋長裙，走路像波浪搖曳
— 裙子上有黃色長條綴飾

熱鬧，攤販、街頭藝人、遊行活動，趁著假日本地人攜家帶眷上教堂，順便散步、吃冰淇淋。中央公園裡有個圓形的涼亭，那裡有免費的wifi，很多人會站在那裡上網，這個涼亭有一項特別設計——站在中央說話，回音非常清楚，

207

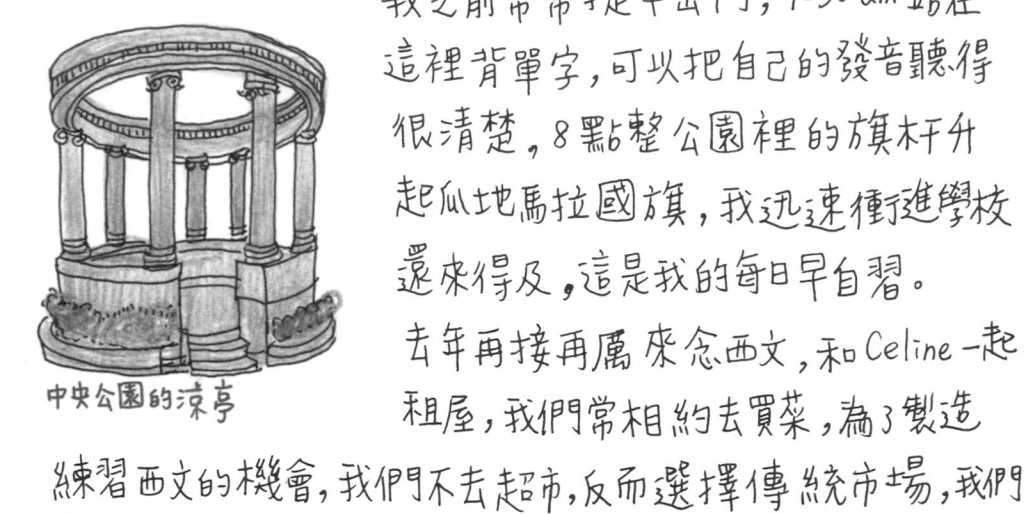
中央公園的涼亭

我之前常常提早出門，7=30 am 站在這裡背單字，可以把自己的發音聽得很清楚，8點整公園裡的旗杆升起瓜地馬拉國旗，我迅速衝進學校還來得及，這是我的每日早自習。

去年再接再厲來念西文，和 Celine 一起租屋，我們常相約去買菜，為了製造練習西文的機會，我們不去超市，反而選擇傳統市場，我們對這裡的市場瞭若指掌，今天又一起上市場，我買了 3根 platano (公香蕉)，3個 aguacate (酪梨)、一根櫛瓜 和一塊用葉子包著的新鮮起士。

傳統市場口袋名單：
① mercardo de flores：離租屋處近，規模小而可愛
② mercardo de Central：在中央公園旁的中央市場，離學校近，放學可去補貨。
③ mercardo de Democracia：規模大，但走路去要20分鐘，放通常週末才去。
④ mercardo de Terminal：在巴士總站旁邊，大而混亂危險，坐車經過才會買。

- -

買完菜，回去午睡，傍晚到我的愛店 La Vienesa 維也納麵包店，這是本地超熱門連鎖店，不到六點就人山人海，成立於1942年，位於 4a Calle 的分店就在我租屋處附近，招牌點心是蛋黃麵包配巧克力。

△ 我吃了 { sheca con queso 麵包夾起士 Q.5
              薄荷巧克力牛奶 (我的最愛) Q.9

維也納麵包店的標誌

Panificadora
La Vienesa
Una Costumbre Hecha Historia

8月12日(一) 在雪拉學西文的N個理由

西語學校的下課休息時間是 10:30 am，K 和 Celine 要我去聽聽這週的課外活動項目有哪些？順便決定想參加什麼項目？週一的下課休息時間要做簡單的自我介紹和 presentation，讓同學彼此認識，今天的主題是：我最喜歡的食物。

費用　黏時間

★K說我不上課沒關係，還是可以一起參加活動！

本週活動寫在白板上：

活動

ACTIVIDADES:			
DIA:	ACTIVIDAD:	Cost:	HORA
週一 LUNES	Clase de Salsa	—	5:45 pm
週二 MARTES	San Andrés	Q15	2:30 pm
週三 MIERCOLES	Visita Sauna	Q50	2:30 pm
週四 JUEVES	Trama textiles/Pelicula	—/—	3:00/6:00
週五 VIERNES	Almuerzo Potluck	—	1:15 pm
週末 Fin de semana	Viaje lago Atitlan	Q?	2:15 pm

Salsa	San Andres	Sauna
	Celine peiyu	

想參加那個項目，記填上名字！

trama	Pelicula	Potluck	Lago
	Celine Peiyu		

白板筆

Pelicula
1) Documental 紀錄片 ——→ 如果有想看的電影，可以寫下來推薦，我在這間學校看了很多部拉丁美洲影片 (一律西語發音，通常英文字幕)
2) ?
3) ?

週一：莎莎舞
在附近的舞蹈教室，免費，我參加過無數次，但仍是肢障一枚

週二：附近小鎮聖安德列斯
有很炫的黃色教堂及馬雅祭典

週三：泡溫泉
台灣太多溫泉了，所以我沒什麼興趣

週四：參觀編織工作坊 (下午)，晚上看電影
編織工作坊是協助婦女就業的公平貿易組織

週五：每人帶一道菜去聚餐
這個活動在我念書期間從來沒成功過，因為大家都懶得準備餐點

週末：阿提德蘭湖旅遊
週末會去較遠的地方，有時兩天一夜。　209

AÑO DE 1900
ALBERTO PORTA
ARQUITECTO

▲ 學校位在一座超過一百年
的老建築中

2017, 2018年夏天, 我都在這裡學
西文 (各為7週, 每週5天, 每日5小時)
學校很多活動我都參加過, 我在
這裡認識很多有趣的同學, 好像
回到學生時代, 我和他們一起玩遍
Xela 及附近眾多景點 (雖然我們像
白癡觀光客似地被學校職員帶著玩, 有時還搞不清楚去
了哪裡) 回到 Xela, 就像回到家一樣, 懷念那段時光。
▼ 我的西文作業: 畫 Xela 市中心地圖, 熟到閉著眼睛也能畫。

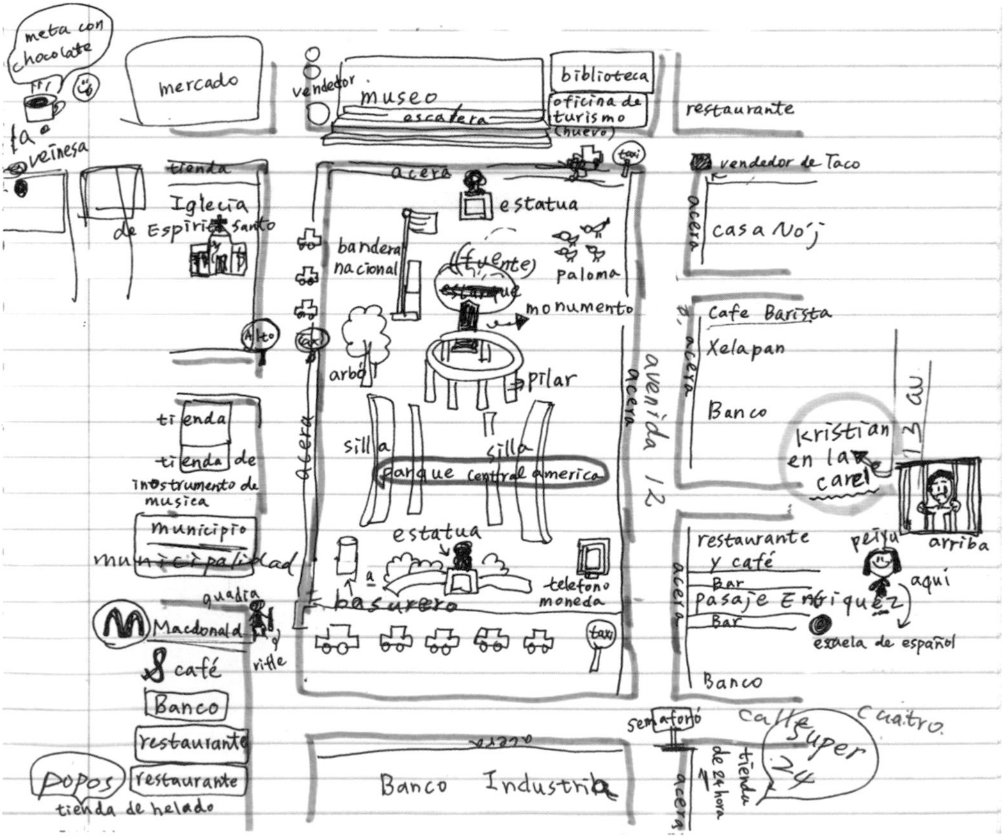

meta con chocolate

fa veinesa

mercado

vendedor

museo
escatera

biblioteca
oficina de
turismo
(nuevo)

restaurante

tienda

acera

vendedor de Taco

casa Noj

Iglecia
de Espiri santo

estatua

bandera
nacional

fuente
estatua

paloma

monumento

Alto

arbol

pilar

Cafe Barista

Xelapan

Banco

avenida 12

acera

kristian
en la
carel

tienda

tienda de
instrumento de
musica

silla

silla

parque central America

peiyu

arriba

aqui

municipio

municipalidad

estatua

restaurante
y café

Bar
pasaje Enriquez
Bar

escuela de español

quadra

basurero

telefono
moneda

Macdonald

rifle

taxi

Banco

café

Banco

semaforo

calle Cuatro

Super
24

restaurante

tienda
de 24 horas

acera

popos
tienda de helado

restaurante

Banco Industria

Xela是一個很適合學西文及居遊的地方！

在Xela學習西文的 N 個理由： 眾多 學校資訊可參考 "背包客棧" 論壇！

理由**1**：CP值高，學費及生活費都比在另外兩個學西文的熱門地點 —— Antigua安提瓜及 Lago de Atitlán亞提德蘭湖便宜。

我之前的學費如下（現在略漲了！），學費以週為單位：

每週20小時Q.980　　若每週20小時+寄宿家庭 Q.1365
每週25小時Q.1075　　若每週25小時+寄宿家庭 Q.1460

皆為一對一教學，若連續學四週（每週25小時），則第四週開始會有折扣；住宿家庭提供三餐（週日無），個房間通常有wifi

理由 **2**：Xela不像Antigua安提瓜及 Lago de Atitlán亞提德蘭湖那麼觀光化，會英文的人較少，有較多機會練習西文

理由 **3**：Xela有許多NGO組織，很多志工會先在這裡學西文，不論語言學校或是出租公寓、寄宿家庭的選擇很多。

我前年是住寄宿家庭，去年則是租屋。（參考臉書社團：Xela eXpat and Travelers Community ，可找到租屋或各種活動訊息）

理由 **4**：Xela是瓜國第二大城（但規模比第一大城瓜地馬拉市小很多），故治安還算不錯，但仍要小心。

理由 **5**：Xela交通四通八達，附近有許多有趣的小鄉鎮，觀光景點很多，且生活便利，藝文活動也很多。

這裡有walmart沃爾瑪購物中心、麥當勞、西雅圖咖啡、Taco bell 塔可鐘、Panda Express 熊貓快餐等跨國企業連鎖店。

211

我住的中央公園附近有圖書館、文化中心、戲劇院，只要去 Inguat 旅遊中心就可以拿到節目表，我有參加過詩歌節、電影節及畫展等活動。

理由 **6**：Xela海拔 2367m，屬高地氣候，年溫差小、日溫差大，<u>台灣的夏天很熱，可以考慮暑假時來這裡避暑兼學習。</u>

▲在Xela很多咖啡館、旅館、西語學校都可拿到 entremundos 這本志工組織發行的雜誌（英文版）內附許多活動訊息。

選擇西文學校及住宿的 **注意事項**

注意 **1°**：<u>通常上課是以週為單位，一週課程結束，如果不滿意，是可以換老師的，寄宿家庭也是可以換的，一定要勇敢提出來。</u>

西文好難！ 實際情況：快被西文弄到發瘋！

我運氣很好，碰到的寄宿家庭跟老師都很好，所以我連續兩年夏天都是跟同一個老師上課，在上課前，我有先透過學校主管提出自己的上課需求，且與老師充分溝通我的個人興趣等，讓老師在短時間內了解我，可以因材施教（希望老師沒發現我是個廢材！）。老師不會英文，但這並沒有造成上課的阻礙，反而是一種助力，讓人可以完全浸泡在西文環境中，我的寄宿家庭中也沒人會講英文，但他們很有耐心地聽我說話，並糾正我的發音及文法；不過，我也有聽說有同學住到冷漠、吃得很差又沒網路的寄宿家庭。

注意 2°：因為語言學校多，外國人多，所以像夜店酒吧這樣的場所也不少，學校中也不乏天天上夜店買醉、玩通宵的同學，這時就要自問：我為什麼要來這裡？我真的想學西嗎？別忘了你來這裡的目的到底是什麼！

No lo se !
不知道
日本人Taka

Como se dice?
怎麼說？
很愛問的Peiyu

我常常和同學上咖啡館，圖書館寫功課，語言學校的同學每週來來去去，每週都有新面孔，但我有固定的學伴，一起念書，有時也會上酒吧聽音樂、跳舞、放鬆一下。

注意 3°：不要只考慮CP值或想殺價，要選有制度的學校。

有制度的學校通常是：師資穩定且有經過教學訓練，有良好的硬體設備、豐富的課外活動……等。例如：我的老師有受訓過且經驗豐富，每週一老師會和我討論教學進度，每週五學校也會發意見調查表，以了解我們的學習狀況，我們在一棟古蹟建築中上課，有固定的位置，原本我以為會和鄰桌互相干擾，但根本不會，因為我聽不懂！(哈哈!)學校有提供不錯的咖啡和點心，我都故意坐在咖啡機附近(哈哈!)
課外活動項目也很豐富：爬火山、去太平洋海灘游泳、參觀咖啡園、canopy溜索、泡溫泉、烹飪課、莎莎舞課程、電影欣賞、十博物館參訪、娃娃工作坊體驗、市集走逛、巧克力老店手作品嚐巧克力、編織工坊參觀、馬雅祭典直擊……，在這樣豐富的活動中，我學的不只是語言，還有文化。

213

注意 4°：儘量為自己創造全西文的環境。

我念的學校是美國朋友介紹的，在歐美旅客中滿有名的，客群以歐美人士為主，收費比較貴，較少亞洲臉孔，學校中完全沒有會講中文的學生，雖然有點寂寞，但這是我刻意選擇的，這樣才不會一下課就一直講中文。

注意 5°：依自己的需求選擇要住在寄宿家庭或租屋。

住宿家庭收費低廉，但環境可能只有基本要求（例如熱水不大）且有些人也受不了三餐中有兩餐都吃香蕉和豆子；有些學校會提供宿舍，也可以開伙；我第一年住寄宿家庭，住得很開心，第二年選擇租屋是想享受自由，且因為我對某些食物過敏，自己開伙比較不會造成別人的麻煩。

敏超級忙

覺得自己一直不斷地在煮飯！

愛店介紹：Xela 家鄉味

教堂 Cathedral
9a Av
8a Av
6a calle
La Esquina Asiatica
亞洲角落餐廳
往Zunil蘇尼爾的巴士在這裡搭車
台灣餡餅
8a calle

這間台灣餡餅店是我和Celine的愛店，附近的亞洲角落餐廳也是！

價目表
empanada 台灣餡餅，一個Q.3
Leche de Soya 豆漿，一杯Q.3
車輪餅 Pastelito，一個Q.1
Granizadas 台灣刨冰，一種料Q3. 兩種 Q4. 三種Q5

COMIDA TAIWANESA 臺灣小吃

豆漿 LECHE de SOYA

在市場附近，有中文招牌，老闆和老闆娘都是台灣人，可以來講中文

今天唯一的行程是前往 Zunil 蘇尼爾,會先經過 Almolonga
阿爾莫隆加這個盛產蔬果且
有溫泉的小鎮。

Xela 雪拉

Almolonga 阿爾莫隆加

Zunil 蘇尼爾

Xela → Zunil,搭 chicken bus,停靠站
在台灣餡餅店附近 (老闆娘熱心
替我指路),約20mins, Q5

Almolonga
這個小鎮的
婦女會將彩色
帶子和髮辮
纏繞在一起,
繞在頭上當裝飾.

這棟鮮黃底色,白色裝飾線條的教堂是 Zunil 蘇尼爾
最明顯的地標,今天剛好有舉行葬禮,逝世者應是重要人士,
因為教堂外擠滿前來追悼的村民。

Xela名產 = choco banano
巧克力香蕉
在週邊鄉鎮也有賣

將香蕉冷凍

↓

浸泡於
巧克力中
(液體)
巧克力

↓

就成了巧克力
香蕉

大圍巾摺疊, 蓋住頭遮太陽
↓
這條大圍巾可禦寒、
包裝物品, 才背小孩.

髮型也
是彩帶和
髮辮紮在
一起, 在頭上繞
圈.

上衣十分華麗,
充滿刺繡.

怕裙子弄髒,
工作時通常會紮圍裙, 然而圍
裙也是充滿金線銀線和亮
片彩色珠子.

手上常常提著一種用彩色
尼龍帶編織, 十分炫目的
手提包.

Zunil 婦女穿著

抽菸神 San Simón 小檔案

到 Zunil 蘇尼爾, 不可錯過抽菸神, 西班牙人稱祂
為 San Simón, 本地人稱祂 Maximón (馬西蒙), 是瓜
地馬拉高地很普遍的信仰, 在 Atitlán 亞提德蘭
湖附近的 Santiago Atitlán 也可看到. 馬西蒙神像
會輪流在村民家中擺放 一年的時間, 並讓村民
前往祭祀尋求庇護與祝福, 人類學者認為透過
「輪流」制度可維持權力平衡, 抽菸神不但抽菸,
還喝酒, 付 Q5 即可拍照.

216

Maximón 神其實是一尊假人, 戴了帽子、墨鏡、手套、穿了全套西裝 (打領帶)、白皮鞋、背了民族風的背包, 手持拐杖, 旁邊有專人照顧, 幫他換菸, 座位前方放了很多蠟燭花, 並有小供桌放了小雕像和酒。

帽子
墨鏡
煙~
手套
花
花

付 Q5 就可拍照, 錢會被放在 Maximón 雙腿上方的籃子裡, 有很多村民來祈求 Maximón 保護, 他們附在 Maximón 耳朵旁說話。並且也自己點菸, 和 Maximón 一起抽菸, 還拿起 Maximón 頭上的帽子戴在自己頭上。

貼有馬西蒙神像的蠟燭
錢
玉米餅

217

不可諱言地，如果 Maximón 馬西蒙神擺在自己家中，應該會帶來商機，在這戶人家後方，開了一個類似香舖的小商店，販售祭祀相關用品，生意非常好！

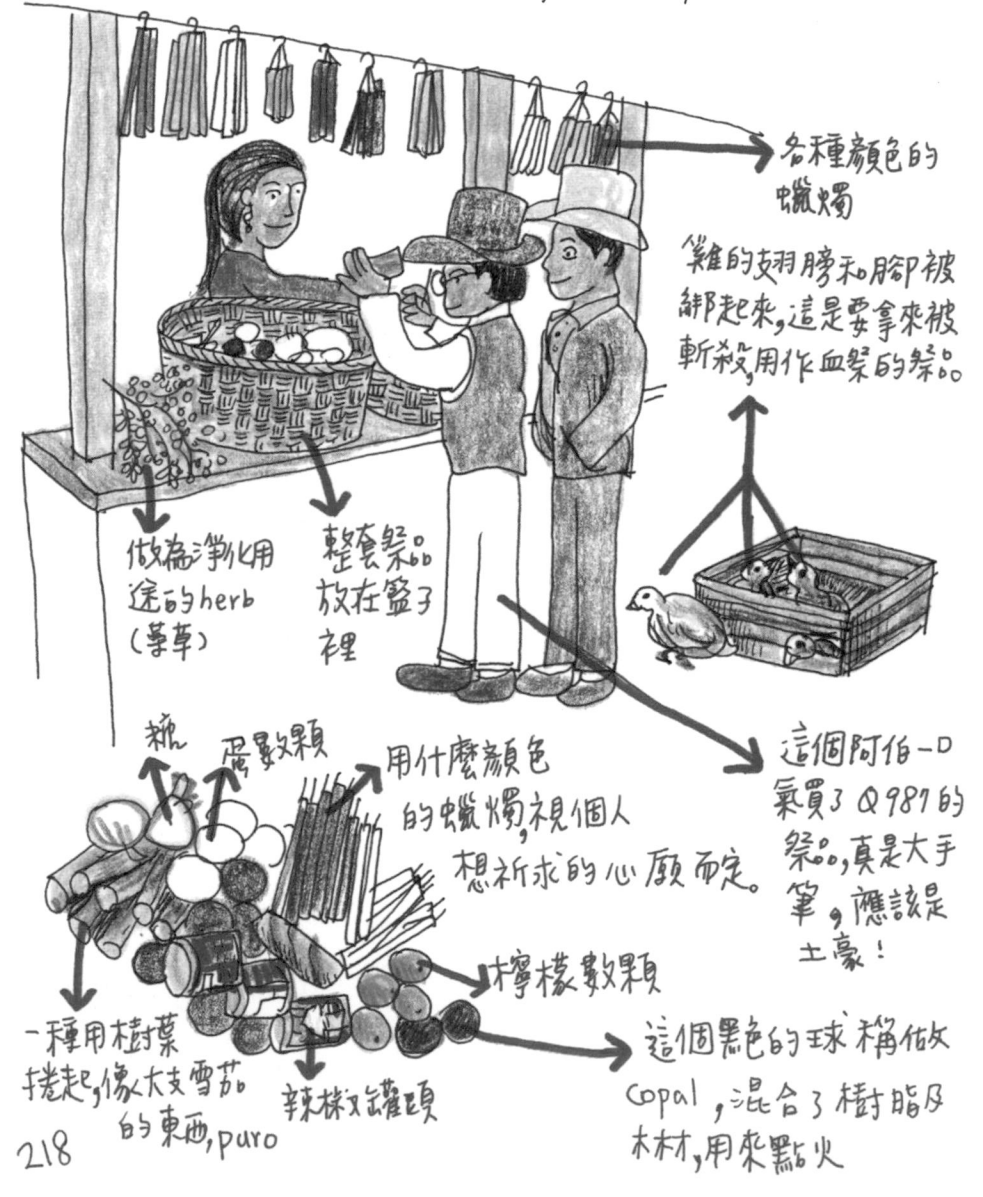

各種顏色的蠟燭

雞的翅膀和腳卻被綁起來，這是要拿來被斬殺用作血祭的祭品。

做為淨化用途的 herb（草草）

整套祭品放在籃子裡

糖　屬數顆　用什麼顏色的蠟燭視個人想祈求的心願而定。

這個阿伯一口氣買了 Q987 的祭品，真是大手筆，應該是土豪！

檸檬數顆

一種用樹葉捲起像大支雪茄的東西，puro

辣椒罐頭

這個黑色的球稱做 Copal，混合了樹脂及木材，用來點火

218

這種冰淇淋小
手推車也很常見，
只要是有人潮
處，這種小
推車立刻出
現！看過100次！

到處都是賣冰淇淋的小販
一支只要Q1，好便宜，不買對不
起自己。

在Zunil蘇尼爾教堂旁有一間
Santa Ana商店，是販售婦女
手工製作的編織品的合作社
商店。

結束本日的Maximón馬西蒙神
之旅，熟門熟路地坐上回
Xela雪拉市中心的 chicken bus，
我覺得我現在愈來愈習慣坐
野雞巴士
chicken bus 了，因為隨招隨停
十分方便，且便宜。
今晚晚餐是在我的愛店 —— La
esquina Asiática 亞洲角落
餐廳吃的，位於台灣餡
餅店斜對面二樓，有日本、
中國、泰國及新加坡料理，
餐廳用燈籠及海報布置
得舒服雅致，食物美
味且份量非常足夠。219

亞洲角落餐廳的招牌

Q30 泰雞肉炒麵

Q15
CABRO 啤酒
(Xela出品)

8月13日(二) 黃色教堂與馬雅血祭

昨天寫日記寫太晚,睡到十點多,起來為自己弄了早餐,一不小心大手大腳就弄了超大份量,只好當早午餐。

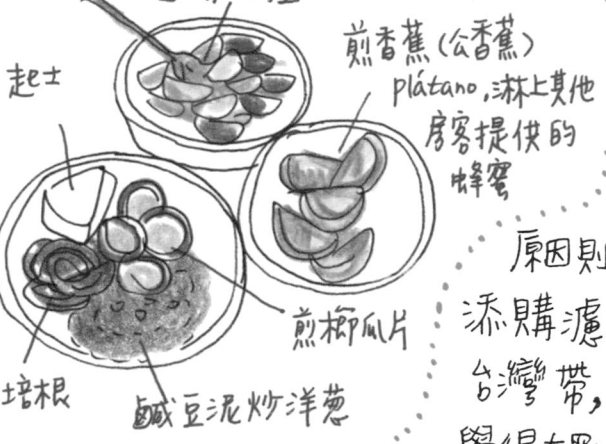

酪梨沙拉

起士

煎香蕉(公香蕉)
plátano,淋上其他
房客提供的
蜂蜜

煎櫛瓜片

培根

鹹豆泥炒洋蔥

這次帶了另一款不同於以往的咖啡濾杯,不用濾紙的那種,出自於環保考量,另外的原因則是旅行途中有時想添購濾紙卻遍尋不著,要從台灣帶,帶多?帶少?難預估,覺得有點麻煩,所以改用免濾紙的。

用在Cobán買的小農咖啡粉沖了咖啡

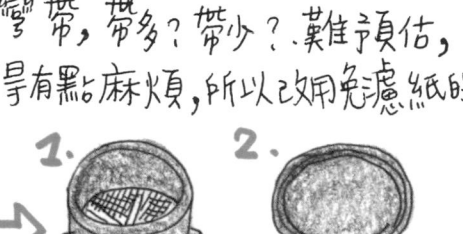

組合起來是小小一個圓形盒子,打開來分成三部份:

具金屬網的濾杯

1.

2.
這個蓋子是拿來放置濾杯的.

3.
(很細小)出水口→
出口水很小的容器.
(取代手沖壺功能)
出水慢且水柱細小.
要很有耐心.

鹵鹹豆泥食譜

1. 洋蔥切碎,下油鍋,炒香。
2. 將超市買來的即食鹵鹹豆泥下鍋和洋蔥拌炒即可。

220 (這是西語老師教我的,她說豆泥要熱熱地吃才好吃)

吃完早午餐，趁天氣太好，陽光強烈，先洗澡（晚上洗澡實在太冷了！）然後洗衣服，之後坐在窗前書桌，一邊喝自製檸檬紅茶，一邊看書，隔一段時間就瞄一下晒在庭院的衣服有沒有被風吹走！今天上午沒有排任何行程，下午則要和Celine及西語學校的同學去附近小鎮 San Andrés Xecul 玩，旅行不能貪心，要閒閒地，慢慢地，才能深入觀察。

關於 Quetzaltenango 克薩特南果的地名小常識
（又名：Xela 雪拉）

1° Quetzaltenango 這個字中前半部是Quetzal，這是一種翻譯成"鳳尾綠咬鵑"的鳥，這是瓜地馬拉的國鳥，身體是綠色的，有長長的尾羽，從前大量生存於瓜國森林中，其羽毛被馬雅貴族當成裝飾，象徵尊貴的地位。Quetzal鳥象徵永不屈服，因西班牙人入侵時，馬雅君王誓死抵抗，其鮮血染紅了Quetzal鳥的胸前；在現代化森林逐步開發之下，Quetzal失去其棲息地，數量漸減，現已列為政府保護的物種。另外，瓜地馬拉的貨幣單位 Quetzal 也是依據這種鳥命名的。
<u>格查爾</u>

2° Quetzaltenango 後半部的 tenango 是指"～的地方"，瓜地馬拉有很多地名後面都會加上"tenango"，例如 Chichicastenango（奇奇卡斯特南果，有中美洲最大市集）、Huehuetenango、chimaltenango、momostenango。 221

3° 相較於 Quetzaltenango 這個地名的冗長拗口，當地人比較習慣用 Xela 雪拉這個簡潔的地名來稱呼它，這裡的馬雅人講的是 Quiché 基切語，早期馬雅人以 Quiché 語稱此地為 <u>Xelajú</u>，後縮短簡稱 Xela 雪拉；有一首很美的歌曲——Luna de Xelajú (雪拉的月亮)，是西語老師教我的，內容是描述戀人不能在一起的憂傷，網路上可找到鋼琴譜，這是當地人耳熟能詳的歌曲。

- -

下午兩點半是集合時間，我先去超市提款機領錢 (聽說公園前面銀行的提款機因無人看守，被裝了側錄提款卡磁條的器材，很多外國人在那領錢，結果帳戶慘遭盜領！房東丁有提醒過，去超市領錢比較安全！)

DESPENSA FAMILIAR

這個連鎖超市品牌是我在瓜地馬拉的好朋友，常常光顧。

在超市領錢時，居然遇見之前在 Todos Santos 遇見的芬蘭女生 Marketta. 她在同一條街的西語學校學西文，並住在學校樓上的宿舍，她問我之前去 La Torre 爬山健行如何？

我苦笑著不知如何回答，只好說那裡風景真的很美麗，但我迷路到晚上才走出森林，我們併肩邊走邊聊，她要去 Mercado La Democracia 買菜，就在街角說再見了。

222

前往 San Andrés Xecul (簡稱 San Andrés) 聖安德列斯

1° 在左側地圖●處搭迷你巴士, Q1.25, (10min), 搭到 Rotonda (圓環)

2° 再換車前往 San Andrés, Q3, chicken bus, 20 min

3° chicken bus 會停在大馬路旁邊, 要再搭嘟嘟車陣或 pickup 去市中心 (教堂所在), 10 min, Q3 (一人)

12a A.

公園
Parque
Central

7a calle

8a calle

在此搭 ● 9a Calle
迷你巴士

San Andrés
● Salcaja
Xela Rotonda

馬雅 + 天主教文化混搭風!
↓

223

這座教堂用色實在太浮誇了, 黃色是代表玉米的顏色。

在西語學校一同出遊的同學中,有一個來自美國芝加哥的
C,母親是菲籍華裔(據說在家講閩南話!),父親是美國人,
去年曾在台灣學中文,中文說得不錯,因為想和認識的拉
丁裔朋友講西班牙文,所以特別來這兒學習。不過他運氣不
好,先是錢包被扒,後來又被流浪狗咬,只好去健康中心
打狂犬病疫苗,已經打了兩針,剩餘兩針等回芝加哥再打,
我問他錢包被扒,損失了錢和信用卡怎麼辦?要如何支
應旅行費用,他用的方法和我想的一樣,也是很多背包客
遇險採取的因應措施,那就是用paypal 支付語言學校或
旅館費用,但支付較多的費用,再請對方退現金給你。

關於 San Andrés 的幾件小事

(1) 欣賞用色浮誇的黃色教堂

(2) 教堂前廣場立了一根木柱,號稱猴之柱,
每兩年會換一次柱子,11月30日是重要節日,
換柱當天清晨,男人上山砍樹,運下山,女
人待在家中,直到柱子豎立完畢才出門

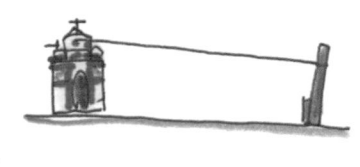

豎立柱子時,會用繩子
一端與教堂相連

超高的木柱

(3) 由教堂旁的街道向上,可抵達另一個小教堂,小教堂也是漆成浮誇的黃色,教堂前方有個小平台可以眺望遠景,教堂左側有舉行馬雅祭典的祭壇。

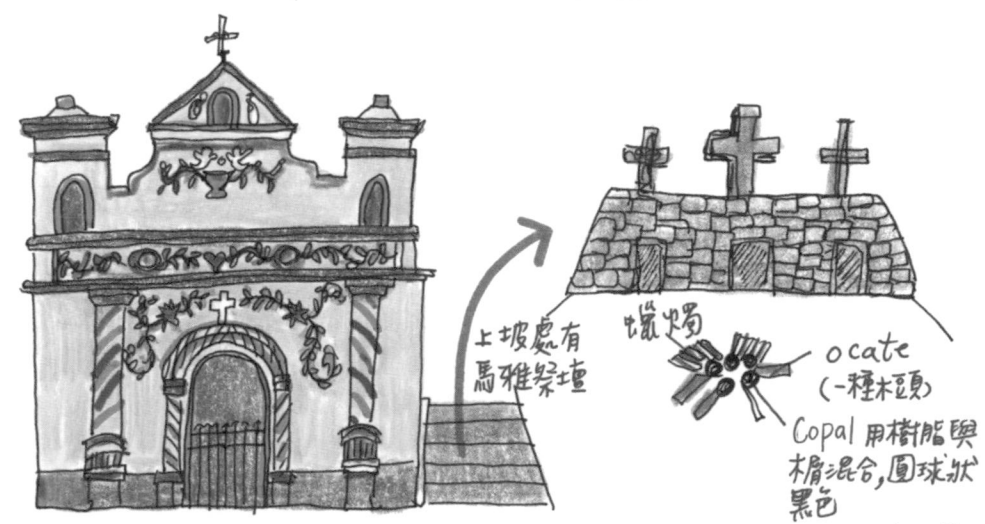

上坡處有馬雅祭壇

蠟燭

ocate
(一種木頭)

Copal 用樹脂與糖混合,圓球狀黑色

顏色對馬雅人而言,代表不同意涵,在祭典中使用的蠟燭有不同顏色,至於要用哪一種顏色,端看個人祈求什麼?
(例如:健康、金錢、幸福......)

- amarillo 黃色 ⟶ 代表太陽 sol
- rojo 紅色 ⟶ 代表血 sangre
- azul 藍色 ⟶ 代表天空 cielo
- negro 黑色 ⟶ 代表死亡 murte
- o blanco 白色 ⟶ 代表和平 paz
- verde 綠色 ⟶ 代表大自然 natualeza

我們剛好在此目睹了馬雅祭典的進行,以及一場「血祭」,古代是用活人心臟獻祭,現代則用動物,例如:雞。 225

嘿嘿嘿...

血祭進行式：(以下會一邊念兒語，一邊進行)

① 先把蠟燭等祭祀物品丟入火中

② 把雞頭扭一圈，用刀砍掉雞頭

③ 把雞頭丟到火中，雞血滴入火中

④ 砍掉雞的支翅膀，丟入火中，砍掉雞的腳，丟入火中，砍掉雞的身體，丟入火中……。

(雞是要燒掉的，不能拿來吃！)

補充：西語老師教我的有關馬雅祭祀儀式所使用的祭品

所有祭品最後都要用火燒掉

用糖或蜂蜜 ←

蠟燭

Hirbas 藥草
azucar 糖
dulces 甜食
Huevo 蛋

石頭，在地上排成一圈

依需求選擇不同顏色

藥草不但可用來洗澡，淨化身體，淨化精神，也可食用，亦可在祭典中焚燒

要用生蛋

(4) San Andrés 聖安德列斯是很重要的編織用的彩色棉線產地，從小教堂高處眺望市區全景時，可以看到很多人家的頂樓露台晒著各色的彩色線。

(5) 此處很多爆竹工廠，盛產爆竹煙火，供各地節慶使用。

公共洗衣場，k說這是 antigua facebook (古老的臉書)，這是婦女交換八卦的場所，功能猶如社群媒體

226

8月14日(三)群山小鎮走跳

今天的行程是前往北方的 *Totonicapán* ，（托托尼卡潘）對我而言，這已是輕鬆行程，因為交通方式簡單且距離近。只不過有時候我會檢討這種一日遊的旅行方式是否對一個鄉鎮市太輕看了，以為可以用一日遊的方式走馬看花，然後輕易地下一個註解，貼一個標籤？認識一個地方就像認識一個朋友，如果在認識之前就已形成偏見，那你永遠沒有機會認識他，但是如果你想用那種一見面就急於掏空人家、打量人家、然後給一個分數的方式，那麼有可能你會因此錯過「真正」的他，這樣的友誼只能維持表面的關係，或者，什麼都不是。

P4 昨天和朋友去完聖安德列斯之後，回到市中心，又去台灣餡餅店報到，我吃了一個餡餅、一杯刨冰（加了紅豆、煉奶、及疑似烏梅但其實是羅望子做的酸醬），celine 則吃了一個餡餅、一個車輪餅。

cuatro caminos

Totonicapán 托托尼卡潘

Xela 雪拉

① 從 Xela 的巴士總站坐 chicken bus 到 Cuatro caminos (cuatro caminos 指的是四條路交叉口)，Q.3 0.5hr

② 從 cuatro caminos 到 Totonicapán，Q.3，0.5hr

227

之前一位在巴士總站開雜貨店的台灣大姊告訴我可以到 Totonicapán 托托尼卡潘 健行，不過自從搬到 Xela 雪拉之後，我就變得非常懶惰，只想逛街，不想健行。Totonicapán 有一個很熱鬧的市集、很大的教堂和古色古香、十分典雅的歌劇院。

La flauteria

牛奶燕麥　玉米　plátano 煎香蕉
撒了肉桂粉　　奶油
　　　　　　蛋
　　　　　　香腸炒蛋
咖啡
玉米餅
貓舌餅

早餐是在 4a calle 與 14a Av 交口附近的 la flauteria 餐廳吃的，這間餐廳每天中午都換菜單，是 Celine 的愛店。

在 Xela 及其附近鄉鎮，婦女很流行提這種用各色尼龍帶編織而成的創意編織包，簡直像名牌包。

一抵達 Totonicapán 托托尼卡潘 我就開始滿街亂吃了。

檸檬擠汁器　　　　檸檬
瓜子粉　　　　　　芒果
pepita
鹽 sal　　　辣椒粉

買了甜芒果 mango dulce, Q5, 瓜地馬拉的芒果有分甜的和酸的，黃色較甜，綠色較酸，吃的時候加 pepita (瓜子粉)、鹽和檸檬汁，瓜地馬拉人吃東西很愛加檸檬汁和鹽、辣椒粉，連吃多力多滋那種玉米脆食點心也要加。

228

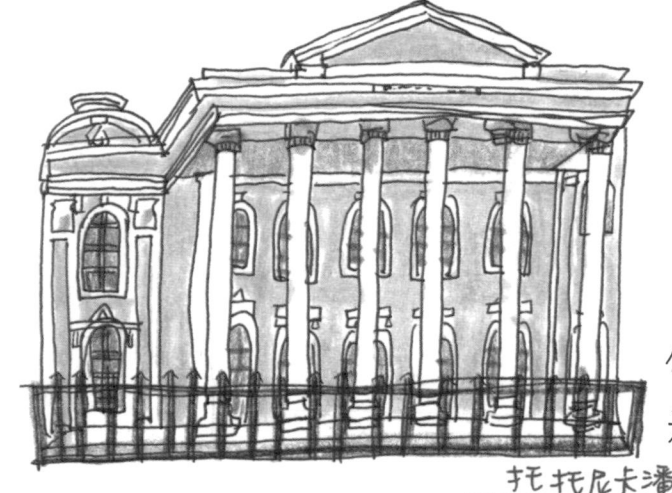

Xela有個很典雅的
歌劇院,去年我在Xela
學西文時,八月剛好是
Xela的文化節,我參加
了好多活動,例如:現
代詩吟誦、戲劇表
演、民俗舞蹈……等。

LA
MUNICIPALIDAD
DEL 1911 — AL 1924

這棟建築歷
史有一百年了。

托托尼卡潘
而 Totonicapan 也有相同風格的
歌劇院。

劇院是圓形的,座位有分一般座位和包廂座位,一二樓
兩側全是包廂座位,內部裝潢是古老的木結構,頂部有
水晶吊燈。

這座 托托尼卡潘 Totonicapán 的歌劇院剛好在舉辦小朋友的演講比賽，所以我才有機會進入一探究竟。小朋友們的年紀很小，男生多穿校服，女生有穿校服者，也有不少人是穿傳統服飾，不過看得出來大家都非常緊張，在台上頻頻出現很多小動作，或者在台上一邊講一邊走來走去。

Totonicapán 的市集很大，販賣的都是當地生活日用品，此地以生產編織、製鞋、錫器、陶器、皮件、地毯等聞名，若要參觀工匠的工作室，可以透過此地的旅行社介紹，或者參加東北方森林健行。我沒有找旅行社嚮導，只是自己在小鎮亂走，我很喜歡它的市集，完全沒有觀光味。

市集中的傳統藥草店，很像台灣的青草店，在瓜地馬拉，至今仍有許多人相信藥草療效，作為

230 治病或保健用途。

然而，在市集某個遠遠的角落，卻見到小貨車
載著滿滿的二手衣販售，在地上用帆布鋪著當地墊，上面的二手
衣堆得像小山丘，民眾蹲在地上挑選，或直接在小貨車後面的載物
空間翻找。我不禁深深為此擔憂，這個國家美好的、深具文化意涵
的傳統服飾，會不會就這樣逐漸消失？

菜市場有很多攤位賣這種個頭小、外皮紅色的
辣蘿蔔，吃法是可做成沙拉，將紅色辣蘿蔔刨
籤，混入 Sal (鹽)、cebolla (洋蔥)、chicharron (炸豬
皮)、Tomate (番茄)，可加點檸檬汁調味。這種
辛辣蘿蔔碎皮沙拉，稱為 Chojin。

rábano

有賣石灰石，
泡玉米
用的！

紅色辣蘿蔔的另一種法式吃法！
1° 將紅色辣蘿蔔切成圓形薄片
2° 灑上鹽巴，配上切小塊的奶油搭配著吃！
(這是某年去法國南部做客時學到的！)

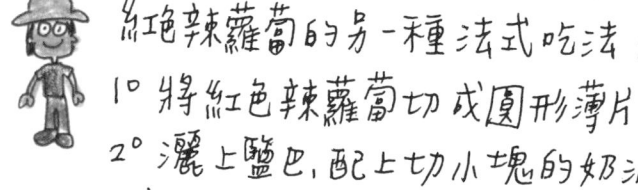

紅蘿蔔

長豆子
切碎

瓜

瓜地馬拉的菜市場很流行將紅蘿蔔、瓜
類、長豆……等蔬菜切碎，可混合購買，我以
前常買一袋處理好的綜合蔬菜回去炒
麵、炒飯或煮湯。

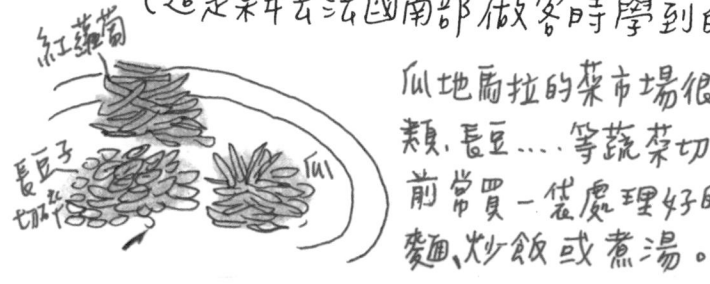

231

現炸豬皮
chicharron

在市場可以看到現炸豬皮
的攤位，剛炸好的豬皮
放在小玻璃櫃裡販售.

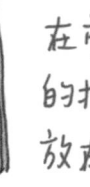

關於 chicharron 炸豬皮的食用方式

(1) 在市場買的 chicharron，通常當天買當天吃，如果放
到隔天，可能會變軟，變軟的 chicharron 可用來煮湯。

在台灣
的東南
亞菲律賓
商店也可
以買到
炸豬皮!

(2) 炸豬皮可加入沙拉中

(3) 可以和 tortilla 玉米餅 一起吃，稱為 tortilla con chicharron.

(3) 可以煮湯，和豆子一起煮，稱為 Sopa de frijo 湯 con 豆子 chicharron 炸豬皮

(4) 加入檸檬汁可以當零食吃，可配酒或其他飲料。

(5) 薩爾瓦多國民食物 pupusa 普普薩，也常見 chicharron 餡料口味

午餐：瓜地馬拉國民傳統料理 Jocón

Ｑ25

薯條
米飯
雞肉
綠色醬汁

附湯：扁豆薯湯
(十分美味)

附飲料：
檸檬汁

tortilla 玉米
餅，吃不飽可
以再要!

Jocón（發音：吼共），被稱做青醬雞肉 或 綠咖哩雞，
綠色醬汁是用青蔥、芫荽、綠蕃茄、歐芹、青辣椒、青椒、
鹽等，用果汁機打成醬汁，若想濃稠些，可加入麵包

232　米粉；之後用此醬汁與雞肉共煮即可。

① Totonicapán → Salcaja ，搭 chicken bus，Q5

② Sakaja → Rontada (圓環)，搭 chicken bus，Q3

③ Rontada (圓環)→ Xela 中央公園附近的市場，chicken bus，Q1.25

從 Totonicapán 托托尼卡潘回 Xela 雪拉，因天色尚早，我在 Salcaja 薩爾卡哈跳車，到這個以服飾編織聞名的小鎮遊遊，Salcaja 薩爾卡哈是很傳統純樸的小鎮。

—紅色

Fruit soup
水果酒 (Caldo de fruta)

Salcaja 特產：水果酒與蛋黄酒

1° 水果酒是用一種像櫻桃的水果 combiring nances、及蘋果、桃子等，切片，浸泡釀製至少六個月。(我覺得這種水果酒甜甜的，但其實後勁滿強的！)

2° 蛋黄酒是混合蘭姆酒、蛋黄、糖及香料製作，喝法是加入牛奶、肉桂粉，可加冰塊，亦可熱飲。

Rompope
蛋黄酒

線
VENTA DE HILOS SAN ANDRES
聖安德列斯

在 Salcaja 薩爾卡哈街上可看到販售這兩種酒的商店，另外街上到處都是賣織布機及線的店，並標榜線來自 San Andrés 聖安德列斯(昨天去的，有黃色教堂的小鎮)。並充斥著無數賣傳統服飾及布匹的小店。 233

Salcaja 薩爾卡哈
有一座號稱中美
洲最古老的教堂,
1524年興建,
外形古樸,灰白
色牆面綴有
紅色線條裝
飾,此地據

該是西班牙征服之地,此地歷經多次地震,但教堂仍
屹立不搖。內部的聖龕是金碧輝煌,外牆上的壁畫褪
色斑駁,可以爬樓梯上樓
觀察屋頂斗拱的木結構。

↖聖龕,它的金碧輝煌,和它小巧
樸素的建築落差很大,這間教堂
常常是鎖著的,想要進去,得向

234　鄰居打聽,向管理員拿鑰匙.

↖在薩爾卡哈,滿街都是服
飾店,這裡以製作corte (裙
子)出名.

前往 Xela 北方其他小鎮的巴士大部份都會通過這個圓環 (Rotonda)，從 Salcaja 薩爾卡哈回 Xela 雪拉時，我在這裡下車，從這裡可以找到開往 pareque central 中央公園的 mini bus 或 chicken bus，而不必一路坐到巴士總站再換車。而且這個圓環旁邊有一間很大很舒服

Kotonda 圓環

的麥當勞，我去上網、喝咖啡，打網路電話和遠在法國的 m 聊天 (我好想講中文)。和 Celine 約好六點半一起吃晚餐，我先散步去住處附近的墓園閒逛，再去吃鹹刨冰。刨冰店的看板上共有 50 種冰提供選擇，看得我不知該如何做決定，口味多到可比美台灣的手搖飲料店。

好最後豆
快點選！

玉米脆片
加了鹽、檸檬及刨冰

＊最後，我點了鹹的 nachada 口味
Q8

235

Cementerio 墓園簡介　LA MEMORIA DE LOS VIVOS HACE LA VIDA DE LOS MUERTOS

我的住宿地點離墓園很近，隔一兩個街區的店家幾乎都是雕刻墓碑的，但我並不會感到害怕，反而常去那附近散步、吃路邊攤。

馬雅人認為：死人必須埋葬在土地之上，故他們把棺材放在地面上，富有人家會將墳墓蓋得華麗氣派，像人住的房子，貧困家庭則簡單以水泥砌一個平台而已。Xela雪拉的墓園就像城市佈局，有街道編號，他們喜歡把墳墓漆成繽紛的顏色（就像他們住的房子一樣多彩多姿），所以墓園

為什麼要在我身上簽名？

Vanushka 的墳墓是熱門景點！

看起來並不可怕；像可可夜總會這部墨西哥動畫一樣，瓜地馬拉人在11月1日亡靈節，也會攜家帶眷到墓園追思祖先，唱歌、跳舞、野餐、十分歡樂。這裡的墳墓造型因族群有別而有所差異，有的立了十字架，有的是馬雅金字塔外觀，二次大戰期間，不少猶太人避居於此，他們的墳墓標示大衛之星。

凄美愛情故事 最有名的墳墓是一個在水泥基座上以灰泥塑像的Vanushka瓦努沙卡之墓。這個吉普賽女孩隨著馬戲團來到這裡，與一個男孩相戀，但他們的戀情並未受到男方家庭同意，瓦努沙卡以死殉情，這個故事吸引許多遊客來到墓園，遊客在她的墳墓上放了花束及蠟燭，並在她的塑像上簽名、留言。

236

8月15日(四) 忙碌石象社交生活

追記:昨日晚餐 (昨天太早睡,日記沒寫完......),昨天和 Celine
一起吃晚餐,她指定要去 La Esquina Asiática 亞洲角落餐廳,
我吃糖醋雞,Celine 點了新加坡雞肉咖哩,老闆見我對
店裡賣的豆腐有興趣,還煎了一盤請我吃,說是在附近
城鎮 Sololá 生產的新鮮豆腐,不過口味仍有一點差距。
上午我在家裡打混耍廢,只洗了衣服,趁著大太陽趕快
晒乾,中午約了前年認識的寄宿家庭,我提前去幫忙準備
午餐,等其他寄宿學生1:30下課後一起用餐,home 爸與 home
媽依舊恩愛,如膠似漆,四個孩子也沒什麼變,我還是分
不出來雙胞胎小姊妹的長相......,寄宿在這裡的那段時間
真令人懷念,感謝他們一家人的甜蜜陪伴。

Q.25 因為不好意思空手去別人家裡
做客,所以我在本地知名連鎖
麵包店—Xelapan 買了一個巧克力蛋糕

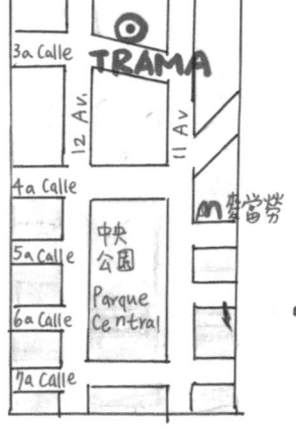

離開寄宿家庭後,我順路到一間
名為 Trama Textiles 的編織工坊兼
公平貿易商店探 Celine 的班,她上完
五小時西語課後,會到這裡上編織
課,前年、去年、今年
皆如此。

237

這個協會,成立於1988年,和瓜地馬拉西部高原5個地區17個編織合作組織,約400名女性編織工合作。在1960-1996瓜地馬拉內戰期間,許多婦女失去了父親、兄弟、兒子等男性家庭成員,她們決定用編織技術來養活自己和家人,很多婦女不會講西班牙語,常遭到中間商剝削,而Trama Textiles 讓婦女寄售編織品並提供合理報酬,並給予技術訓練,研究自然染色法及新的設計,在女性很難找到有薪工作的地區,Trama Textiles 創造了讓婦女有合理工資,並可在家工作,照顧家人的工作機會,並維護了馬雅的編織傳統。在 Trama Textiles 陳列了至少九種不同區域的編織設計,細節複雜,光是完成一件衣服可能得花好幾個月的時間,在商店可以買到 fair-trade 公平貿易商品,協會並提供編織課程及鄰近社區 Homestay 寄宿家庭體驗瓜地馬拉道地鄉村生活的旅行安排。我的朋友 Celine 熱愛手作,她常向我描述今天又完成了多少?看著她向我展示織了一半的圍巾,只有真正動手去做的人,才知道要完成一件作品要花的時間和心力有多辛苦,Celine 的旅行結合了不同面向的學習,豐盈而充實。

招牌很低調！

探班結束，我前往 Baviera 咖啡館和西語老師石並面，這間咖啡館空間寬敞舒適，並展示很多老照片，就在學校旁邊，我跟老師分享了旅行日記。她仍像以前一樣適時糾正我的文法及發音（真是認真的老師！），去年夏天，她邀請我參加她的大學畢業典禮，現在的她，仍持續在週大進修學業，還得工作並兼顧家庭……；我所認識的瓜地馬拉人，多是勤奮而努力的，很多人都是半工半讀、或者兼不止一份工作，為生活奮鬥著。晚上西語學校的活動是看紀錄片，很多和瓜地馬拉有關的紀錄片或電影，我都是在學校參加活動看的。

有關瓜地馬拉的紀錄片或電影

① La camioneta　介紹 chicken bus 野雞巴士.
② when the Montains Tremble　有關瓜地馬拉內戰
③ Cracking the Maya Code　破解馬雅密碼、有關象形文字及文化.
④ Apocalypto　阿波卡獵逃 以馬雅文明為背景、講述部落征戰故事。
⑤ Ixcanul　火山少女的愛戀

不過，今天紀錄片沒看成，因為 Celine 說她想唱卡拉 OK，所以我們改去學校職員 K 晚上兼差的 King and Queen

（國王與皇后酒吧）唱卡拉 OK，我覺得這真是一條龍經營，上完課就帶來這裡喝酒唱歌，而遊學的怕死外國人也需要安全的娛樂場所。

taberna 是 "酒館" 之意

239

去了才發現King and Queen 換新址擴大經營了,不過還在同一條巷子裡,K特別點了一首源自玻利維亞的

在Yautube可找到這首歌

兒歌 — "En un bosque la China"(在中國森林裡)和我合唱,這首琅琅上口的兒歌講述中國小女孩和小男孩在森林中迷路的故事,旋律俏皮可愛,K說我上週在森林中迷路,歷劫歸來,最適合唱這首歌了!來自芝加哥的C則和我一起唱了中文老歌 — 甜蜜蜜(很少接觸中文流行歌曲的我,只會唱老歌!)。K邀我明天去西語學校聚餐.,C明天要回芝加哥,Celine和其他人明天下午要出發去Lago de Atitlán亞提德蘭湖,Celine慫恿我一起去湖區玩,她知道我後天要去安提瓜,剛好順路!但我對觀光化太過的地方興趣缺缺,相較於亞提德蘭湖,我較偏愛Laguna Chicabal這個被馬雅人視為聖湖的火口湖,可惜沒時間,不然真想再去;因為明天大家都還得上班上學,所以唱完卡拉OK後就沒續攤了。

Xela酒吧口袋名單

1° El Shamrok:在中央公園旁,現場音樂演奏很棒,很多外國人去。

2° TECÚN:以本地人為客群,有現場演奏.(最愛!)有兩間分店,一間在中央公園旁的大拱廊Pasaje Enriquez,但我偏好在4a Calle的那間。

SALON
RESTAURANTE Y BAR
TECÚN

8月16日(五) 一期一會

我明明是來度假的,怎麼把自己弄得超級忙?我本來決定今天一定要睡到自然醒,然後發呆到日落,結果今天還是超忙。

上午Paul發電郵來,問我是否還在Xela?我說明天要啟程前往Antigua安提瓜,他說他剛結束San Francisco El Alto (聖弗蘭西斯科埃爾阿爾托)的考察,背包差點被偷且得了腸胃炎,他打算到生活機能較佳的Xela休息幾天,也許今晚可以碰個面,一起吃晚餐!收到他的電郵後,我先火速到學校聚餐,順便和K.C.及Celine道別,然後火速回家,趁下午的時間訂好後天瓜地馬拉機場附近的住宿與清晨的機場接送,再打電話訂了下週一的巴拿馬旅館,然後爬文搜尋巴拿馬景點,標記在地圖上,並下載離線地圖在手機裡。

和Paul約好6:30在麥當勞碰面,然後去"亞洲角落"餐廳吃晚餐(天哪!這週已經來第三次了!)。一進門,廚師就跑來提醒說今天有隱藏版菜單—拉麵,我點了豆腐拉麵,Paul點了味道很奇怪的味噌湯和帶薑味的綠茶。

我們交代了分開後的行程,他分享了某小鎮教堂的壁畫內容,也許這可以當成他的人類學與藝術研究報告的主題,我則介紹他這附近可以考察的景點,我們都一樣憂心二手衣對瓜地馬拉編織傳統的破壞,他又再度重申他對快時尚的反感及生活裡的環保堅持。

241

8月17日(六)　旅人舒適圈——安提瓜

昨天立志要清閒一天的我，又不小心忙碌了，昨晚和Pual聊天，使用英文、用腦過度的我，一回家就累癱在床上，呼之大睡，直到清晨才起來收拾行李，今天是移動日，無論如何，非早起不可。其實從 Xela雪拉到Antigua安提瓜是有觀

Celine要講西文，
Paul 要講英文，
可以來個講中文的嗎？

(同情.但無能為力)

光客的Shuttle bus可以搭，但我没預約，一來是懶，二來是因為我已經習慣搭野雞巴士轉車，吃苦耐勞，而且甘之如飴，而坐當地的巴士可以貼近當地人的生活，其實挺有趣的。搭chicken bus 没有什麼時刻表可以參考，一切講求機動性，因為這一段旅程會走山路，我怕腸胃不舒服或暈車，因此不敢吃早餐，只在巴士總站旁的市場喝了一杯 alto de plántano，事實上，我從小到大没暈過車，但從 Xela雪拉到 chimaltenango

Q.5

Alto de plántano
用公香蕉製成的熱飲

(奇馬爾特南果)這段迂迴的山路，的確十分驚險，我常常以為自己會被甩出車窗外，餓了一個早上的我，抵達安提瓜時，又遇上暴雨，於是衝進有名的炸

Xela雪拉　　chimaltenango奇馬爾特南果
　　　　　　　　　　　●Antigua安提瓜

①Xela→chimaltenango：
chicken bus, Q.30, 4小時
②chimaltenango→Antigua：
chicken bus, Q.5, 45分鐘

雞連鎖店 Pollo campero 點了豪華套餐大快朵頤，順便躲雨。這是第四次來安提瓜了，這裡是我的舒適圈兼跳板，比起惡名昭彰的瓜地馬拉市，安提瓜給人安全感，這裡的景點我已經逛遍了，其實我是可以選擇從 Xela 雪拉直接搭 Alamo 高級巴士直達瓜地馬拉市，然後搭飛機離開，但我還是來到安提瓜，因為我想在離開瓜地馬拉之前，去參觀一個博物館，那裡展示了瓜地馬拉文學家 Asturias 阿斯圖里亞斯的手稿及遺物。

吃飽喝足之後，雨勢略歇，我從市場慢慢移動到古城區，跨越一條馬路就是古老的不平的石板路面，從這裡開始，就是遊客絡繹不絕的觀光區了，麥當勞、subway、Dunkin 甜甜圈，Wendy 漢堡……等飲食連鎖店都來這裡插旗了，最精緻高貴的紀念品店也開在這裡(當然價格也很高貴)這種石板路面不適合拖著行李，為了避免輪子磨損，我迅速把大背包轉換成肩背模式，先到旅行社拿明天前往瓜地馬拉市的車票，在瓜地馬拉，大部份的商店週末都休息，但安提瓜是觀光區，即使今天是星期六，旅行社仍然開門營業，搞定車票後就前往預約的旅館，放下沉重的行李，就去參觀博物館。

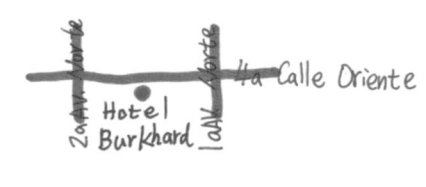

這間小旅館 Hotel Burkhard. 乾淨安全，雙人房附衛浴，Q.150. Wifi，熱水大又熱老闆及職員人很好，下雨還會幫我收衣服，咖啡全天免費供應，且不錯喝！

243

因為西語老師的介紹，我才知道安提瓜的San Domingo Hotel（聖多明哥旅館）有展出阿斯圖里亞斯的手稿和遺物，不過展覽空間不是在市區那座由古老教堂改建的旅館兼博物館，而是在郊外的San Domingo Cerro（cerro是小山丘的意思）。這座小山丘也是由聖多明哥旅館規劃設計的，上山的步道整理得很完善，裝置藝術品在大自然中錯落有致地分布。步道盡頭還有許多主題與風格不同的藝術展覽空間，其中有一個小巧的空間，介紹了<u>阿斯圖里亞斯</u>這位作家。
Asturias

▲簡體版「玉米人」

阿斯圖里亞斯(1899－1974)，出生於瓜地馬拉市，因父親躲避政治迫害，故全家移居中部小鎮，使他在童年時期接觸了馬雅文化，熟知許多神話故事，後來他將馬雅人的神話傳說、宗教信仰、風俗習慣等元素，寫入小說，例如：「玉米人」一書是他的代表作品。馬雅人認為每個人都有自己的動物保護神，而客觀現實世界與傳說中神的世界是相通的，他在敘述中，用虛實交錯的筆法，把現實、夢境、神話......等融為一體，藉以反映、抨擊社會現況，其作品風格被稱為「魔幻寫實」，1967年獲得諾貝爾獎。

參觀完博物館，雨終於停了，這座小山雖不如鄰近的Cerro de la cruz 那麼高，可以將整個安提瓜的市街景致盡收眼底，但視野仍舊開闊，可居高臨下欣賞縮小比例尺的安提瓜，雨後愜意漫步在這個像露天博物館般的古城中，時間好像凝結了。

安提瓜小檔案

1° <u>Antigua安提瓜</u>這個字在西文中是「古老」的意思，1543年建設成為西班牙在中美洲殖民的總督府，當時是中美洲最繁華的城市，可惜1773年因地震而受損嚴重，遷都至瓜地馬拉市。目前看到的古老建築，都是在地震後修復的，然而地震與火山爆發仍威脅著這個像藝術品般的城市。在安提瓜可以清楚地看到

火山生氣了

如富士山一般的錐狀火山矗立在眼前，這座活火山之前曾猛烈噴發，火山灰遮蔽天空，還造成機場關閉。

2° 殖民大宅院、石板街道、散落在城市角落的斷垣殘壁，無不令人發思古之幽情，1979年被聯合國教科文組織列入世界遺產。這裡的建築物被限制改建，並約束樓層高度、建材及顏色等，就算是跨國連鎖店，也只准低調地只放一個不顯眼的小招牌，這裡有一間號稱世界最美之一的麥當勞，開在古蹟裡，但招牌省略了大大的金黃色的"m"字。 245

8月18日(日) 皮納塔與解憂娃娃

我在房間裡蘑菇到快中午才出門，中間不斷地到旅館小廚房倒咖啡來喝，我懷疑那整桶咖啡都是我喝掉的，安提瓜的咖啡世界聞名，我這樣牛飲，真是太奢侈了。

這兩日，天空灰撲撲地積了一層厚厚的雲，從昨天到今天，從早到晚，不斷地下雨，昨日我到小山丘看展覽，在雨中走那段山路，弄得全身濕透、狼狽不堪，雨勢大到連傘都不是傘了！不過到憧憬之地朝聖，仍十分開心，既然完成了到安提瓜的重要目的，那麼，剩下的時間，就打混吧！

去廚房倒咖啡時，我又看到那個三年前看到的老人，他似乎是在這間旅館長住，在廚房料理早餐，中午會外出，下午回來睡午覺或看影片，他的房門與窗總是敞開，一大早就會聽英語新聞，外出時總是衣著光鮮整齊、戴上硬挺的帽子，像個紳士般......。(真是一個神奇的老人，他一直住在二樓樓梯上去最右邊的房間！我覺得我來住這間旅館其實還有一個目的，就是來檢查他是不是還住在這裡？我真是一個無聊的人！)

午餐是去巴士總站旁的市場裡吃的，那裡除了小吃店，還有很多供外帶的熟食攤，每一種看起來都很好吃，最後，我決定買一份熟食，再拿到小吃店點餐搭著吃。

246

午餐！

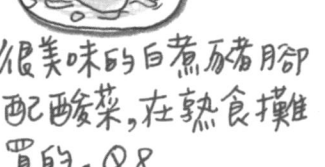

很美味的白煮豬腳配酸菜,在熟食攤買的,Q8

套餐:Q15 pasta 麥麵 牛肉

附餐飲料:檸檬汁

生菜沙拉

玉米餅

突然很想吃義大利麵,但這邊都是附米飯居多,好不容易才找到一間可以提供 pasta 的!

感謝不斷地下大雨,給了我不必逛什麼景點的藉口,在市場躲雨,順便巡視一下攤位,然後喝一杯我最愛的草莓牛奶(Q6)

傳統市場旁邊有一個以觀光客為販售對象的市集,賣很多手工藝品,我在傳統市場內巡視了一下,看看那些和庶民生活息息相關的攤位,今天雖是週日,但很多攤位仍是營業中,看過了傳統市集,那觀光手工藝市集就再也引不起我的興趣了。

(皮納塔)

市場裡很多賣 piñata 紙紮娃娃的攤位,這種娃娃有多種卡通造型,肚子裡塞滿了糖果,深受小朋友喜愛;大人會把 piñata 在節慶活動或生日會時高高掛起,小朋友則矇眼手持棍棒將 piñata 打爛,讓糖果散落一地。247

皮納塔 Piñata 是怎麼做的?

據說以前是用陶罐裝滿物品,陶罐會被裝飾得很漂亮然後讓人們以棍棒擊破陶罐……,這個活動習俗來源已不可考,有的說是和墨西哥阿茲特克文明有關,有的又說是西班牙人傳來的……,無論如何,這是當地小朋友最愛的活動,使勁揮棒打擊不但可以抒壓,把 Piñata 打爛了,還有糖果可撿!難怪小朋友趨之若鶩。

① 用鐵絲做出 piñata 的身形輪廓。

② 用漿糊糊上很多層紙,須等它乾透才糊另一層,並在肚子裡塞滿糖果。

③ 用色紙裝飾,黏出小朋友喜愛的卡通人物

④ 大人協助,將 piñata 娃娃繫上繩子

⑤ 大人在一邊拉繩協助控制紙偶的高度和方向

↑ 悲慘的 piñata

小孩子面目猙獰地揮出鐵棍,好像把 piñata 當成今世仇人般掄打。(輪流上前)

⑥  最後,piñata 紙偶被打爛了,糖果撒落一地,小朋友爭先恐後去撿糖果(我也有跟小朋友搶糖果)

248

解憂娃娃 Muñeca quitapena (worry doll)

├─1.5cm─┤　6個一組(週一~週六使用)(週日休息)

6 cm

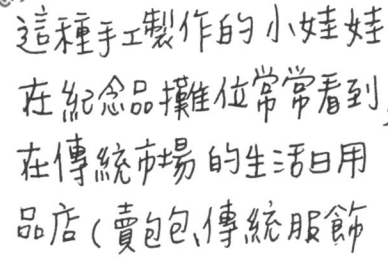

這種手工製作的小娃娃在紀念品攤位常常看到,在傳統市場的生活日用品店(賣包包、傳統服飾……等)也可以看到,如果你有任何痛苦或擔心,可以告訴解憂娃娃,然後將解憂娃娃藏在枕頭底下,睡覺時,解憂娃娃會將你的悲傷都帶走,第二天早上,那些恐懼與憂慮都會消失。我曾經在圖書館借過一本童書 ——「我的解憂娃娃」,一個無助的小女孩失去了父親,家庭面臨分崩離析,只能在睡前向解憂娃娃

解憂娃娃通常都是好幾個捆成一束出售(我買的這個是6個一束,但價格忘了,好像是台幣30元左右)

↑童書

傾吐心事,這本童書揭露了瓜地馬拉原住民貧窮且不平等的處境、城鄉差距,以及馬雅人恪守的傳統,例如:Huipil傳統服飾、亡靈節放風箏習俗……,在書的最末,並附上了瓜地馬拉的簡介(馬雅文明的發源地、瓜地馬拉的經濟、美洲印第安人的家鄉……)並探討了人權與不平等的問題。

反面

SIGA   ALTO

綠色SIGA是可以通行
紅色ALTO是禁止通行

人體
紅綠燈

離開市場,路口的警察依舊忙碌
地指揮交通,安提瓜古城不允許設
置紅綠燈,交通警察只好手持
木片牌,用哨音指揮。突然瞬間
下起豪雨,我只好躲進超市避雨,
想想明天就要離開瓜地馬拉了,晚上的接
駁巴士已買了票,也留了今晚的旅館費用,
不如就在超市買買買,花光身上的瓜地
馬拉貨幣,十分豪邁。

瓜地馬拉本地
產的蘭姆酒
Q.60,95

MAMBI
Plataninas

我雖不喜歡
香蕉,但香蕉片
我可以!Q.6,45

本地產的QUEZALTECA酒,
酒吧也會賣,本地產,通常加
檸檬汽水一起喝 Q.8,2

本地產的咖啡豆,我買3四個
產區的豆子:San Marcos、Cobán
Huehue tenango、
Atitlan,我刻意
選高海拔產區,每包Q.50

回到旅館等接駁巴士,這種接駁巴士在安提瓜市區繞
圈子接客人,總是會塞車遲到,然後再一路塞到瓜地馬拉
市去,今晚我住在瓜地馬拉市機場旁的旅館。

● 安提瓜→瓜地馬拉市接駁巴士:PABLO'S TOURS.每人Q.100,電話:5025251429S
(可用what's app) 地址:3ra calle poniente #25 (502)54023256(what's
                                              ↗Alberto先生 app)
● 瓜地馬拉市機場旁住宿:Patricia's B&B www.patriciashotel.com
  每晚Q135,附早餐,附機場接送,位於什麼都沒有的住宅區,我之前
  遊學都是請他接送,從機場到巴士站前往Xela,他可協助訂票。

8月19日(一) 飛往巴拿馬

清晨五點,旅館的Alberto先生就準時喊醒我,為我準備了簡便的早餐,接駁車是這附近社區好幾間旅館共用的,除了我之外,又接了另外三名旅客,在治安混亂的瓜地馬拉市,能找到信任的司機是非常重要的,這位Alberto先生是西語學校的朋友、職員介紹的,讓人放心。

COPA AIRLINES巴拿馬航空機位居然又超賣,所幸我提早來排隊,地勤人員又來問是否有人考慮自願放棄機位,他們可安排飯店及發補償金,我只想趕快飛走,不想再有波折。

順利抵達巴拿馬,計程車很貴,我在機場的自動販售機買了公車卡 5 USD,幸好巴拿馬使用美金,我不必再換匯。公車站牌在機場外,若標示 Corredor Sur (高速公路)(南方)是走高速公路的公車,我上次搭航空公司的巴士,走高速公路,當巴士進入新城區,我被新穎的商業大樓驚呆了,但這次搭的巴士不走高速公路,而是走一般市區道路,途經很多破舊落後的小區,令人感受到這裡的貧富差距懸殊,塞車非常嚴重,花了一個半小時才抵達旅館。

巴拿馬住宿:**MAMALLENA**

附早餐·全天咖啡,共同衛浴,wifi·冷氣
hostel Mamallena :一晚29 USD

待在巴拿馬只有三天,且我沒有巴拿馬的旅遊書.若想迅速掌握各景點交通方式及生存法則,最快的方式就是住這種像地球村的青年旅館,櫃台人員英文流利,所有資訊都以英文列印讓客貼在牆上,完全不必開口問,離公車站、地鐵、超市近。

251

8月20日(三) 巴拿馬運河

加勒比海

瓜地馬拉
貝里斯
宏都拉斯
薩爾瓦多
尼加拉瓜
哥斯大黎加
巴拿馬
Panama
哥倫比亞

太平洋

族群:麥士蒂索人、黑人、歐洲人、歐.印第安人、華人......

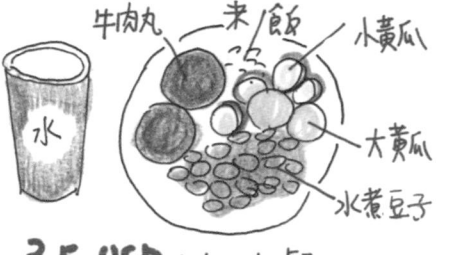

水

牛肉丸
米飯
小黃瓜
大黃瓜
水煮豆子

3.5 USD (昨日午餐)

McCafé

Batido 奶昔
草莓口味
2.99 USD

為了把我的百元美鈔找開,跑了好幾間雜貨店都被拒絕,只好去麥當勞裝死,硬要用百元大鈔買奶昔。

拿鐵咖啡

carimanola樹薯肉餡餅
小片肉排
炒蛋
起士

3 USD
6.5 USD (份量很少)

252 早餐在 Albrook 巴士轉運站購物中心老牌餐廳 El Trapiche 吃的。

走出旅館街區,附近有好多華人開的餐館和雜貨店,昨天我出門加值公車卡,順便在華人餐館吃午餐,老闆娘很熱心地告訴我去隔壁當鋪就可以加值,只是納悶地問我:『你一個女孩子膽子真大,這樣到處跑,但是,巴拿馬有什麼好玩的?』她建議我可以去濱海步道走走,不過,天黑以前趁早回旅館,這邊治安沒人敢保證!

巴拿馬華人遷移史可追溯到1854年,第一批華工坐船到巴拿馬參與修築鐵路,大部份來自廣東,後來陸續有人也來參與運河開鑿,現今華人人口約佔5%。
(註:2017年巴拿馬與台灣斷交)

來巴拿馬最大的目的是看巴拿馬運河,我小時候第一次投稿作文,文章登在國語日報上,報社獎品是一本名為『人定勝天』的書(注音版),這本書講的是巴拿馬運河開鑿的故事,這本書我非常珍惜,讀到可以背起來,那時就立志長大以後要去看巴拿馬運河。等到我長大了,去了很多國家,卻忘了想去看巴拿馬運河,直到這次旅行碰到機位超賣,我才想起那個小時候的自己,小時候資源很有限,書本裡的世界就是我全部的世界,而現在,那個曾經讀過的故事,在這麼多年之後,把我帶來了這裡。

▲巴拿馬運河門票20 USD(含博物館參觀及觀景台欣賞大船入閘)

到Albrook轉運站搭c810公車前往Miraflores下車,巴拿馬運河全長80km,有三處閘門讓船像爬樓梯似地通過中美地峽最狹窄處(因為兩邊的太平洋和大西洋水面不等高),Miraflores是其中一個閘門,四樓有個觀景台,9:00am及3:00pm可以看到大船緩慢入閘出閘,非常療癒。

8月21日(三) 漫遊巴拿馬城

既然已經看了巴拿馬運河，覺得來這裡的指標性任務
已經完成，而且天氣超熱，我決定先去麥當勞吹冷氣，
順便吃個大麥克套餐，了解一下巴拿馬的大麥克指數。

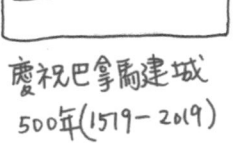

5.75 USD

今天的行程是參觀老巴拿馬 Panamá
Viejo 及巴拿馬舊城區 Casco Antiguo，
1997年列為世界遺產
沒做什麼功課的我，只知道這兩個
2003年列為世界遺產
地方都很舊，很古老，至於差別是什
麼，我也不太清楚。搭巴士先穿過新城區，
抵達離市中心約6公里的市郊，就是老巴
拿馬了，此地現在規劃為遺跡公園，可是
這裡實在廢到不能再廢，到處都是斷
垣殘壁，實在想像不出原本到底是什麼樣
子，好險它有個很新、很完善的博物館，
我在裡面認真地看了一輪，才瞭解了巴拿馬的建城由來

慶祝巴拿馬建城
500年(1579-2019)

充滿殖民式建築的舊城 Casco Antique

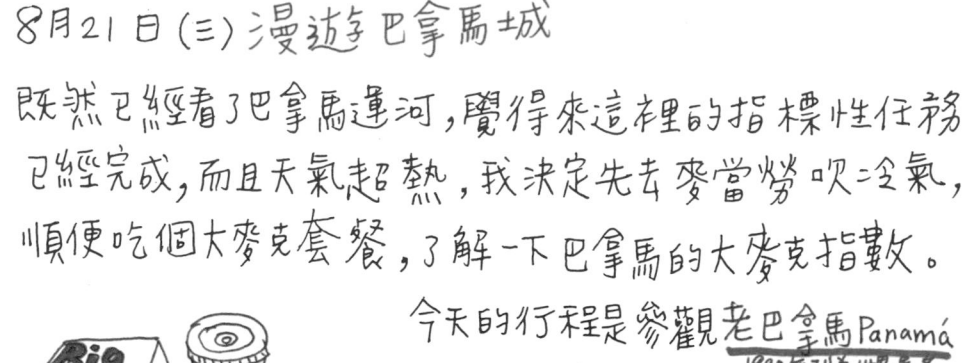

254

↑ Amador Causeway (海上堤道)

與都市變遷史。在漫長的殖民統治時期，巴拿馬其實是西班牙人在拉丁美洲的統治樞紐，西班牙人從南美洲太平洋地區將掠奪的資源 (例：秘魯的黃金、玻利維亞波多西的銀礦) 先集中運往老巴拿馬後，以陸運方式送到巴拿馬內陸的 Gatún lake 加通湖，然後順流而下，以水路方式運到大西洋那頭的 Portobelo 波多貝羅港，再運上大帆船經大西洋送至西班牙……。因為地理位置重要，所以 1519 年西班牙就以棋盤式城市規劃在太平洋岸打造了 Panamá Viejo 老巴拿馬，一度非常繁榮，但英國覬覦此地，1671 年英國海盜 Henry Morgan 亨利摩根入侵，燒毀整座城市，西班牙放棄這裡的廢墟，另覓新址重建城市，也就是我今天逛的另一個景點 Casco Antiguo 巴拿馬舊城區。比起老巴拿的廢，巴拿馬舊城區有許多漂亮的教堂及殖民大宅院，現已整修為著名觀光景點及旅館餐廳，是網美會想去打卡的地方，治安也稍有提升了。

秘魯的黃金（我去過！）

波多西的銀礦（我去過！）

位在今太平洋岸

指標建築 F&F TOWER
扭結外形↓

充滿新穎商業大樓的新城

255

8月22日 (四) 回家

先記一下昨天吃的東西！

巴拿馬國產
啤酒 0.8 USD

Patacón
炸香蕉餅,據說是
加勒比海美食,但我
感覺不到！還行！

→ 做法是把香蕉切小段
灑鹽巴油炸,變鑊金黃
色後撈起,用工具
壓扁,再油炸撈起.
路邊攤都在賣！

炸樹薯

樹薯 yucca 是本
地物產,料理常見
中南美到處都有！

→ 蘇打餅
洋蔥
蝦子
Ceviche
(瑟比切)
3.5 USD
(很小一杯)

在海鮮市場吃了 Ceviche,
把鮮魚,鮮蝦等泡檸
檬汁的冷盤,聽說是
巴拿馬美食.但我在秘魯,
瓜地馬拉都吃過！就是
生醃海鮮。

到底誰是巴拿馬人？
什麼是巴拿馬？這是
我在這裡待了三天
的疑問,就連最
有名的巴拿馬帽,其
實是來自厄瓜多,我的解答是,<u>它沒有一個標準絕對的</u>
<u>定義,因為這裡是混血而多元</u>,新舊並陳⋯⋯,我的亞洲
臉孔在此地完全沒有違和感,這裡是各式文化鑲嵌
的馬賽克！昨天我在商店逛了很久,也不知該如何挑
選伴手禮,於是在機場免稅店買了一瓶法國香水(?)。
　旅行超過五十天了,終於要回家了,心情平靜無
波瀾,比較想念的是中式口味
的餐點,時間到了就離開,把
旅行過成一種日常,我知道,還
會再有下一次的 ☺ ！

TARJETA RECARGABLE DEL Me~
METRO BUS
SEGURO - CÓMODO - CONFIBLE

公車卡在機場無法退卡,
帶回台灣做紀念

256

Life & Leisure・優遊
瓜地馬拉手繪旅行

2020年5月初版　　　　　　　　　　　　　　　定價：新臺幣490元
2021年1月初版第二刷
有著作權・翻印必究
Printed in Taiwan.

著　　　者	張	佩	瑜
繪　　　圖	張	佩	瑜
叢書主編	林	芳	瑜
校　　　對	倪	汝	枋
內文完稿	文		聯
封面完稿	蔡	婕	岑
整體設計	張	佩	瑜

出　版　者	聯經出版事業股份有限公司
地　　　址	新北市汐止區大同路一段369號1樓
叢書主編電話	(02)86925588轉5318
台北聯經書房	台北市新生南路三段94號
電　　　話	(02)23620308
台中分公司	台中市北區崇德路一段198號
暨門市電話	(04)22312023
台中電子信箱	linking2@ms42.hinet.net
郵政劃撥帳戶第0100559-3號	
郵撥電話	(02)23620308
印　刷　者	文聯彩色製版印刷有限公司
總　經　銷	聯合發行股份有限公司
發　行　所	新北市新店區寶橋路235巷6弄6號2樓
電　　　話	(02)29178022

副總編輯	陳	逸	華
總編輯	涂	豐	恩
總經理	陳	芝	宇
社　長	羅	國	俊
發行人	林	載	爵

行政院新聞局出版事業登記證局版臺業字第0130號

本書如有缺頁，破損，倒裝請寄回台北聯經書房更換。　　ISBN　978-957-08-5531-9 (平裝)
聯經網址：www.linkingbooks.com.tw
電子信箱：linking@udngroup.com

國家圖書館出版品預行編目資料

瓜地馬拉手繪旅行/張佩瑜著・繪 . 初版 . 新北市 . 聯經 .
 2020年5月 . 264面 . 21.5×16.5公分（Life & Leisure・優遊）
 ISBN 978-957-08-5531-9（平裝）
 [2021年1月初版第二刷]

 1.遊記 2.瓜地馬拉

755.2   109005448